Hans Scheibner, geboren 1936, ist gelernter Verlagskaufmann und Journalist. Er veröffentlichte in den letzten fünfzehn Jahren zahlreiche Bücher mit Liedern, Gedichten und Satiren und arbeitet als unabhängiger Kabarettist und Satiriker. Seine Fernsehsendung »Scheibnerweise« wurde 1986 abgesetzt, weil er öffentlich jene Politiker als »Mörder« bezeichnet hatte, die mit Massenvernichtungsmitteln Planspiele treiben.

Von Hans Scheibner ist außerdem erschienen:

»Klopfzeichen aus der Anstalt« (Band 2748)

Dieses Buch wurde auf chlor- und säurefreiem Papier gedruckt.

Vollständige Taschenbuchausgabe Juni 1992
Droemersche Verlagsanstalt Th. Knaur Nachf., München

Fotos im Innenteil von Frank Kieper, Peter Meyer/forum,
Georg Seemann, Jan Schulz/Heinrich Bauer Verlag
Umschlaggestaltung Manfred Waller
Umschlagfoto action press/O. Meyer
Druck und Bindung Ebner Ulm
Printed in Germany 5 4 3 2 1
ISBN 3-426-02787-9

Hans Scheibner

Wahnwitz vom Feinsten scheibnerweise

Knaur

Wieder habe ich vor allem meinem Freund und Kritiker Andreas Nowak für seine unermüdliche Mitarbeit, seine Anregungen, Einfälle und Analysen ganz besonders herzlich zu danken.

Hans Scheibner

In diesem Buch ist eine Auswahl der besten der über 500 Kolumnen enthalten, die unter dem Titel »scheibnerweise« in der »Hamburger Morgenpost« erschienen.

Hallo, Sie da! Können Sie mich hören?
Ich bin nicht verrückt – das kann ich schwören.
Daß ich hier bin, ist nur aus Versehen.
Doch die Ärzte lassen mich nicht gehen.
Und sie lachen über meine Klagen:
Nicht verrückt – das würde jeder sagen.
Hilfe!! Ich gehör' nicht in dies Haus!
Ich will hier raus!!!

Inhalt

Kapitel 1

Die immer alles miesmachen, große Miesmacher sind das!

Kapitel 2

Verdächtig unverdächtig!

Kapitel 3

Mein Rat, Soldat: Tritt gar nicht erst an!

Kapitel 4

Erklären Sie mir doch bitte noch mal ganz genau: warum!

Kapitel 5

Es gibt ein Tier, das ist so dumm, daß man's kaum glauben kann. Es sitzt auf einem Ast herum – und sägt daran

Kapitel 6

Ich bin heut wieder schrecklich scharf – auf ein Restrisiko

Kapitel 7

Sie hätten deine Mutter als Hexe verbrannt

Waterkantgate

Kapitel 1

Die immer alles miesmachen, große Miesmacher sind das!

Aus dem Tagebuch einer Lottokönigin

Wahrlich, wir leben in Zeiten ungeheurer Ereignisse von welthistorischer Bedeutung. Am 23. Januar 1988 gab es im Zahlenlotto 222 Hauptgewinner. Sie alle hatten sechs Richtige und bekamen jeder 90000 Mark. Ein wirklich ungewöhnliches, statistisch gesehen sogar absolut unmögliches Ereignis!

Werfen wir einen Blick in das Tagebuch einer Gewinnerin. Frau Anneliese R. aus Hamm:

Freitag, 22. Januar

Wieder Streitgespräch mit Manfred. Hält mich für völlig verrückt, weil ich so unmögliche Zahlen tippe (24, 25, 26, 30, 31, 32). Als Chefmathematiker in der Atomwirtschaft weiß er, ob etwas noch halbwegs wahrscheinlich ist oder absolut unwahrscheinlich. Er sagt, es ist sowieso schon 2800mal wahrscheinlicher, daß ein Mensch 100 Jahre alt wird, als daß er im Lotto einen Hauptgewinn hat. Aber daß solche Zahlen gezogen werden: Das ist nahezu unmöglich. Als Mathematiker in der Atomwirtschaft kann er errechnen, daß höchstens alle zehn Millionen Jahre ein KKW in die Luft fliegt (als Beispiel). Aber meine Zahlen, die könnten höchstens alle 100 Millionen Jahre drankommen.

Ich muß die Zahlen aber tippen. Weil ich vor drei Jahren mal damit angefangen habe. Wenn ich jetzt andere nehme – und dann kommen sie doch dran – jetzt, wo der Jackpot auf 18 Millionen steht – da könnt' ich mich ja hinterher aufhängen!

Sonnabend, 23. Januar

Hurra! Hurra! Hurra! Ich hab' gewonnen! 18 Millionen. Ich kann es nicht fassen! Manfred sagt: Und nur, weil du so konsequent bei deinen Zahlen geblieben bist! – Ich habe ihn gefragt: Ob vielleicht noch andere so getippt haben können? Manfred sagt: Absolut ausgeschlossen. Er als Mathematiker

in der Atomwirtschaft weiß eines genau: Zwei Unwahrscheinlichkeiten auf einmal kann es so gut wie überhaupt nicht geben!
Wir haben 18 Millionen! Hurra! Hurra!

Montag, 25. Januar

Manfred hat sich übergeben, als er es hörte.
Er sagt: Das ist das Allerallerunwahrscheinlichste, aber es ist eben eingetreten. Die Statistik, sagt er, wird eben hin und wieder von der Wirklichkeit korrigiert. Mit der Enttäuschung werde ich wohl fertig. Ich hab' nur plötzlich solche Angst, daß wieder ein KKW in die Luft fliegt.

Die Aggression wird unerträglich

»Herr Verteidigungsminister, Herr Verteidigungsminister! Gorbatschow hat soeben vorgeschlagen: Er will alle Panzer aus den Ostblockstaaten abziehen. Ohne Gegenleistung!«
»Mistkerl! Augenblick – was steht denn hier in meinem Ausredenkatalog? Aha, ja hier: Abrüstungsausrede 371:
›*Der Gorbatschow-Vorschlag bedeutet eine eindeutige Verschiebung des konventionellen Gleichgewichts zu seinen Gunsten. Mit dem Panzerabzug gewinnt er nämlich ein moralisches Übergewicht gegenüber dem Westen. Das heißt: Er rüstet weiter auf. Moralisch gesehen. Aber Aufrüstung bleibt Aufrüstung!*‹«
»Herr Verteidigungsminister! Herr Verteidigungsminister! Gorbatschow hat soeben mit dem Truppenabzug aus den Ostblockstaaten begonnen! Die marschieren schon in Richtung Moskau! Um Gottes willen, was sagen wir der Presse?«
»Feigling, der verfluchte! Augenblick – wo ist mein Ausredenkatalog? Ja hier:

›Der Abzug der Sowjettruppen nach Rußland erfüllt die Nato-Staaten mit allergrößter Sorge. Ohne Frage handelt es sich um die Vorbereitung eines Atomschlages und . . .‹«
»Herr Verteidigungsminister! Herr Verteidigungsminister! Gorbatschow zieht alle Atomraketen ab, alle Flugzeuge, einfach alle Waffen! Seine Soldaten werden alle entlassen. Er braucht sie für den Wiederaufbau der Wirtschaft. Gorbatschow hat folgende Erklärung abgegeben:
›Die ewigen Ausreden des Westens dauern mir zu lange. Die UdSSR setzt alle Hoffnung auf die Friedensliebe des Westens. Da bei einem Krieg der Großmächte ohnehin die ganze Menschheit vernichtet würde, sehen wir keinen Sinn mehr in militärischer Stärke. Sollte uns der Westen nunmehr überfallen, bleiben wir immer noch die moralischen Sieger vor der Geschichte. Selig sind die Friedfertigen!‹«
»Verdammt, jetzt bin ich aber bald am Ende. Mein Ausredenkatalog . . . äh . . . da muß ich ja schon den Überfall-Ausredenkatalog nehmen. Also gut, sagen Sie der Presse:
›Die Bundesregierung hat immer betont: Die Politik der Abschreckung ist die Politik des Friedens. Gorbatschow hat die Abschreckung verletzt, also den Frieden. Als wahre Freunde des Friedens, von niemandem mehr abgeschreckt, erschrekken wir jetzt vor nichts mehr. Schon gar nicht vor uns selbst!‹«

Bis man seine Eltern groß hat . . .

Früher machten sich die Eltern Sorgen, daß die Tochter unter die Haube kommt oder der Sohn eine gute Partie macht. Und heute?
Zufällig war ich in der U-Bahn Zeuge eines Gesprächs zwischen zwei dunkelhaarigen Mädchen (beide so etwa zwölf Jahre) und einem blonden Jungen im gleichen Alter.

Sagte der Junge zu den Mädchen: »Muß ich meinen Vater jetzt eigentlich hassen, weil er meine Mutter verläßt und zu seiner Freundin zieht?«
»Wieso denn hassen?« fragte eines der Mädchen.
»Na ja – hab' ich in so 'ner amerikanischen Fernsehserie gesehen: Junge will den Vater ermorden, weil er seine geliebte Mutter mit einer jungen Geliebten betrügt.«

»Fernsehen ist doch Asche«, sagte das erste Mädchen. »Das brauchen doch fast alle Eltern. Bis die mal zur Ruhe kommen, sind sie alle mindestens zweimal verheiratet. Meine Mutter lebt mit einem Zahnarzt in wilder Ehe. Mein Vater war schon mal verheiratet – von daher hab' ich 'nen Halbbruder, der ist sechzehn. Wir gehen oft zusammen in die Disco. Aber die neue Freundin meines Vaters ist erst achtzehn. Mit der versteh' ich mich toll. Manchmal tratschen wir über meinen Alten und lachen uns kaputt. Sie sagt, sie macht irgendwann die Fliege. Aber Männer in der Midlife-crisis findet sie süß. Die sind so dankbar.«
»Kenn' ich«, sagte das zweite Mädchen. »Bei uns ist es echt chaotisch. Mein Vater ist mein zweiter Stiefvater. Ich hab' zwei Halbbrüder aus zwei verschiedenen Ehen. Mein Freund Mathias ist der erste Freund meiner zweiten Mutter. Die hat ihn abgelegt und ist nach München verschwunden. Meine richtige Mutter kenn' ich gar nicht. Ein Glück, sonst hätte ich schon die Übersicht verloren.«

»Das Problem ist einfach, daß die erste Ehe immer höchstens acht Jahre hält«, sagte das erste Mädchen. »Dann geht die Nerverei los. Dann machen sich die Eltern gegenseitig fertig und liegen dir in den Ohren, daß es ihnen alles so furchtbar leid tut . . .«
»Genau«, sagte die zweite. »Die können ja gar nichts dafür, die Alten, das ist meistens biologisch bedingt, da schießen dann noch mal die Hormone hoch. Dann muß man ihnen einfach raten, sich scheiden zu lassen, weil die Nerverei sonst immer schlimmer wird.«
»Jedenfalls kann man froh sein«, schloß das erste Mädchen das Thema ab, »wenn man seine Eltern endlich gut untergebracht hat. Hauptsache, sie sind glücklich – mehr will man ja gar nicht.«

Kein Schwein regt sich auf

»Man weiß doch wirklich nicht mehr, was man noch essen kann«, regte sich gestern beim Frühstück Herr Burkhard auf.
»Der Fisch ist einem verekelt, Gemüse ist strahlenbelastet, Nudeln sind versaut, Wurst und Obst und Schokolade: Nichts ist wirklich mehr in Ordnung. Da kriegt man doch die Wut!«
»So?« fragt Burkhards Kollege, Herr Meerkatz, ganz ruhig. »Mich regt das alles nicht auf.«
»Das regt Sie nicht auf?« schimpft Burkhard los. »Mann! Essen und Trinken ist lebensgefährlich geworden. Das ist doch ein Wahnsinn!«
»Aber mich regt das nicht auf«, sagt Meerkatz gedehnt und beißt in seine große Frühstücksstulle.
»Was essen Sie denn da?« fragt Burkhard.
»Schinkenstulle. Ich ess' immer Schinkenstulle.«

»Schweinefleisch!« schreit Burkhard auf. »Das ist ja noch das Allerschlimmste. Die armen Viecher werden in der Massentierzucht mit Medikamenten nur so vollgepumpt. Und weil zuviel Spritzen verboten ist, fahren sogenannte Autobahn-Veterinäre umher – sie kommen immer nur mal für ein paar Minuten in den Stall, spritzen die Viecher voll und sind wieder verschwunden. Damit keiner den Großbauern was nachweisen kann. Und das regt Sie nicht auf?«
»Nö. Regt mich überhaupt nicht auf. Ich bin überhaupt viel ruhiger in letzter Zeit.«
»Mann, Meerkatz! Lebensmittelprüfer haben in der letzten Woche am Stuttgarter Schlachthof in Schweinenieren bis zu 0,5 Milligramm Chlorpromazin nachgewiesen. Das ist ein Nervenmittel aus der Psychiatrie. Das wird den Schweinen als Beruhigungsmittel gespritzt, damit sie nicht vor Aufregung auf dem Transport zum Schlachthof sterben. Aber das Mittel bleibt im Fleisch, wird nicht mehr abgebaut, weil ... Sagen Sie mal: Essen Sie viel Schweinefleisch?«
»Am liebsten Koteletts und Eisbein und Leber!«
»Mensch, Meerkatz! Dann stehen Sie längst unter der Wirkung von diesen Beruhigungsmitteln!«
»Meinen Sie? Das regt mich auch nicht auf.«
Burkhard war ganz bleich geworden. Er murmelt nur noch:
»Jetzt hat die Pharma-Industrie es bald geschafft. Erst das Schwein und dann der Mensch. Ein Wahnsinn: alle mitgeimpft! Und keiner regt sich auf.«

Das wirklich Schöne an unserer Zeit

Was es doch für kurzsichtige Wissenschaftler gibt. Haben keine Ahnung, in welcher Zeit wir leben!
Hat sich doch der Arzt Bernd Richter geweigert, für den

Neusser Pharma-Konzern Beecham-Wülfing, bei dem er angestellt ist, an einem neuen Medikament mitzuarbeiten. Dabei ist das ein wirklich originelles Medikament: Es zögert die Folgen einer tödlichen Strahlenbelastung während eines Atomkrieges um einige Stunden hinaus. So daß zum Beispiel Soldaten, die das Medikament eingenommen haben, auch wenn sie tödlich verstrahlt sind, noch ein paar Stunden weiterkämpfen können. Für den Fall zum Beispiel, daß sich noch irgendwo was bewegt, damit sie das noch erledigen können, bevor sie selber hin sind.

Die Nato ist ganz begeistert von diesem Medikament und hat gleich ihr Interesse bei der Firma Beecham-Wülfing angemeldet. Große Aufträge winken!

Der widerspenstige Arzt aber, Bernd Richter, sagt doch tatsächlich:

»Hier ist die Grenze. Keinen Schritt weiter. Wenn man hier einen Schritt weitergeht, dann hat man unter anderem auch persönlich einen Ruf zu verlieren, weil einem fünf Jahre später vorgehalten werden kann: Hast du an dieser Sache nicht mitgearbeitet?«

Ja, ist es denn zu fassen. Der Mann hat Angst, zur Rechenschaft gezogen zu werden, wenn der Krieg vorbei ist. So, wie sich heute die Mitläufer und Schreibtischtäter des Naziregimes ihre Vergangenheit vorhalten lassen müssen.

Aber verehrter Dr. Richter! Wo leben Sie denn?

Der Vorsitzende Richter des Düsseldorfer Arbeitsgerichts hat es Ihnen doch erklärt – und Ihnen diese Arbeitsverweigerung untersagt:

»Wir gehen doch alle davon aus, daß ein Atomkrieg sehr unwahrscheinlich ist. Sonst könnten wir doch alle gleich einpacken.«

Also bitte: Ihr Medikament können Sie ruhig entwickeln! Es wird ja doch nie eingesetzt – genausowenig wie die Atomraketen, die Wasserstoffbomben, die chemischen Waffen!

Und wenn nun doch?
Ja, wenn nun doch – das wäre noch das Allerbeste: Dann wird Ihnen erst recht kein Mensch einen Vorwurf machen! Weil es gar keinen Menschen mehr gibt, Herr Doktor!
Das ist doch das Schöne an unserer Zeit: Solche peinlichen Vergangenheitsbewältigungen, wie wir sie heute erleben – die braucht keiner zu fürchten.

Wundersame Wandlung eines Fußballfans

Vater sitzt vor dem Fernseher. Fußball. Deutschland gegen Spanien.
Mutter sitzt auf dem Balkon. Muß mit halbem Ohr alles mit anhören.
»Warum immer durch die Mitte, du Idiot! Über die Flügel spielen! Flanken! Oh, Gott, oh, Gott! Ich halt' das nicht aus! Hilde, mein Bier!«
Ein Augenblick Ruhe. Hilde stellt brav das Bier hin.
»Littbarski! Littbarski! Ich kann es nicht mehr sehen! Nichts als Fummeln! Und dann fummelt er sich wieder fest! Da bitte! Warum werden solche Nieten aufgestellt? In Frankreich wollten sie ihn doch auch nicht haben!«
Gluck, gluck. Papa schenkt sich das Bier ein. Ganz alleine. Immerhin.
»Guck mal! Guck mal, dieser Völler! Wie ein nasser Lappen! Am liebsten würde der sich noch tragen lassen! Eine Unverschämtheit von Beckenbauer, diese Pflaume wieder aufzustellen! Der ist doch krank. Der hat doch Muskelschwund!
Ich schwöre es euch: Der weiß was über Beckenbauer! Der hat ihn in der Hand! Da! Guck dir mal die Spanier dagegen an! Gordillo zu Wachskeks oder wie der heißt. Vazquez! *Das* ist Fußball! Die können doch alles am Ball! Jetzt schenken

sie euch gleich einen ein! Deutscher Behindertenfußball! Da wirst du blöd gucken, Beckenbauer, in deinem feinen Anzug! Als Fußballer haben wir dich ja grad noch ertragen. Aber daß sie dich Lackaffen zum Nationaltrainer machen! Ogottogottogott!! Hilde, mein Bier!!«

Hilde rennt wieder brav in die Küche. Vater läßt sich in seiner Reportage nicht unterbrechen.

»Jaaa! Völler! Lauf doch, du Opa! Hast du deine Krücken vergessen? Wieder den Ball verloren! Weißt du, was du brauchst? Einen Rollstuhl und 'nen Blindenhund! So wird das doch nie was mit Deutschland. 1:1 gegen Italien. Das war Glück. Dänemark ist 'ne Flaschenmannschaft. Aber jetzt – jetzt fliegt ihr raus! Ein Hühnerhaufen seid ihr! Lahme und Kranke!

Los, los! Klinsmann, gib doch ab! Mann, und . . .

Tooor! Toooor!! Toooooor!!!

Hilde, geh vom Fernseher weg! Bist du lebensmüde! Waaaahnsinn, dieser Völler. Hab' ich doch immer gesagt: Der kommt wieder! Beckenbauer – ein Genie, dieser Mann. Keiner hat ihm geglaubt. Bloß ich hab' es immer gesagt: Deutschland ist wieder ganz vorne.«

Als das CDA-Organ »Soziale Ordnung« einmal den größten bayrischen Politiker aller Zeiten einen »raunzenden Kröterich« nannte und damit einen erbitterten Expertenstreit provozierte . . .

Immer noch tobt der erbitterte Streit unter den Experten der Regierungparteien über die Frage: Handelt es sich bei dem bayrischen Ministerpräsidenten nun um einen *panthera leo bajovaris* (bayrischen Löwen) oder eben doch um einen *pelobatidae grunzos* (raunzenden Kröterich)?

Wir haben hierzu den vereidigten Polit-Zoologen Prof. Dr. Tollhaus gefragt und erhielten folgende Expertise:
»Entscheidend für die zoologische Bestimmung des bayrischen Subjekts scheint uns vor allem seine Selbstzuordnung. Hier drängen sich mehrere Symptomfakten auf.
Symptomfaktum 1:
Am 22. 9. 1980 äußert das Subjekt gegenüber der ›Frankfurter Rundschau‹:
›Ich brülle nicht, ich habe auch keinen Giftschaum vorm Mund.‹
Also eine eindeutige Ablehnung der (brüllenden) Löwengestalt. Wohingegen lediglich Gift, nicht aber der bei Kröten übliche Schaum vorm Mund abgestritten wird.
Symptomfaktum 2:
Am 17. 9. 1976 zum ›Spiegel‹:
›Ich bin kein Gockel, der Eier legt.‹
Also wieder keine Verneinung der Krötenfigur, die ebenfalls Eier legt.
Symptomfaktum 3:
Am 7. 10. 1976 zur ›Quick‹ (über die Parteifreunde):
›Wenn es anderswo so aufgeblasene Arschlöcher gibt . . .‹
Also: deutlicher Hinweis für das Vertrautsein des Subjekts mit dem bei Kröten üblichen Vorgang des ›Selbstaufblasens‹.
Symptomfaktum 4:
Am 25. 12. 1978 zum ›Spiegel‹: ›Mit . . . Schmeißfliegen führe ich keine Prozesse.‹
Darf als deutlichstes Zeichen der schon früh einsetzenden Krötenmetamorphose gewertet werden. Fliegen, Schmeißfliegen und andere (rote) Insekten gehören bekanntlich zur Hauptnahrung, die die Kröte verschlingt.
Zusammenfassung:
Die Definition des CDA-Organs (›Soziale Ordnung‹) ist wissenschaftlich korrekt. Als zusätzlicher Beweis sei hier

noch die Definition der Kröte im dtv-Lexikon angeführt – aus der jedermann die Übereinstimmung mit dem bayrischen Subjekt selber ableiten kann:
Kröten: Familie der Froschlurche, zahnlos, meist plump, mit fast gleichlangen Beinen und warzig-drüsiger Haut, deren Sekret das giftige *Bufotalin* absondert.«

Der Kinderwagen

Im Flughafenrestaurant Frankfurt. Eine junge Frau betritt das Restaurant. Sie schiebt einen Gepäckwagen vor sich her. Auf dem Gepäckwagen ist aber kein Gepäck, sondern ein Tragekorb mit einem Säugling drin.
Das Restaurant ist nur halb besetzt. Die junge Frau steuert mit ihrem Wagen auf einen Tisch zu.
Kaum hat sie sich gesetzt, kommt der Kellner herbeigeeilt.
»Das geht nicht!« sagt er.
»Wie bitte?«
»Mit Gepäckwagen dürfen Sie hier nicht herein!«
Die junge Frau ist einen Augenblick verwirrt.
»Das Kind ist sehr schwer«, sagt sie. »Ich kann es nicht die ganze Zeit tragen.«
»Es geht nicht um das Kind, sondern um den Gepäckwagen. Gepäckwagen dürfen nicht ins Restaurant.«
Die junge Frau holt tief Luft.
»Das ist kein Gepäckwagen. Das ist ein Kinderwagen.«
»Ein Gepäckwagen!«
»Ein Kinderwagen!«
»Also, das ist doch ... dies hier ist ein Flughafen-eigener Gepäckwagen. Und Gepäckwagen ...«
»Dieser Wagen ist ein Kinderwagen. Kinderwagen haben vier Räder, einen Schiebegriff und einen Kinderkorb – also

bitte! Wollen Sie etwa auch noch vorschreiben, wie ein Kinderwagen auszusehen hat?«
»Also, das ist ja . . . dies hier ist ein Flughafengepäckwagen. Nur weil Sie Ihr Kind darin befördern, ist es noch lange kein Kinderwagen!«
»Ach, so ist das!« Die Frau erhob ihre Stimme. »Mein Kind ist also nur Gepäck in Ihren Augen!«
»Was hat das Kind damit zu tun?«
»Das haben Sie doch selbst gesagt! Ein Gepäckwagen ist ein Gepäckwagen durch das Gepäck! Sogar ein Müllwagen ist ja ein Müllwagen durch den Müll. Mein Kind ist für Sie also weniger wert als Gepäck oder Müll!«
Die anderen Gäste im Restaurant wurden aufmerksam. »Was hat der gegen das Kind?«
Noch lauter rief die Frau: »Soll ich das Kind vielleicht noch als Gepäck aufgeben? Mein Kind ist ein Kind und kein Gepäck!«
»Unerhört«, murmelte es im Lokal.
»Ich wollte doch nur . . .«, stotterte der Kellner, »daß Sie ihren Gepäckwagen . . .«
»Meinen was?«
»Ihren Kinderwagen, wollte ich sagen. Ist ja gut. Was soll ich Ihnen bringen?«

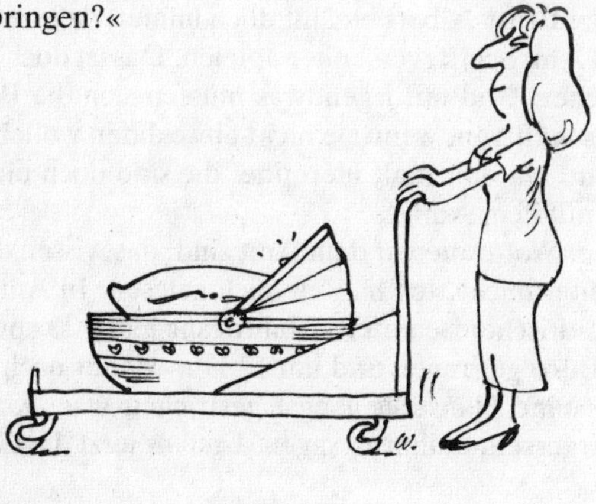

(Hermann und Hermine, das Rentnerehepaar auf dem Sofa. Hermann liest die Zeitung.)

Hermann: Hast du das gelesen, Hermine: Das ist doch wirklich empörend! Im Londoner Umweltministerium ist es aufgefallen, daß die amtliche Telefonrechnung immer größer wurde. Da haben die Rechnungsprüfer mal feststellen lassen, welcher Beamte so viel telefoniert und mit wem. Da sind sie drauf gekommen: Es waren immer dieselben Telefonnummern: nämlich die von Sexy Samantha, Kurven-Collete und der türkischen Bademeisterin.

Hermine: Ja und?

Hermann: Na, hör mal, anstatt sich um die Umwelt zu kümmern, haben sie sich was vorsäuseln lassen von den Sex-Damen am Telefon. So geh'n die mit den Steuergeldern der Bürger um.

Hermine: Ach, Hermann – das find' ich doch noch ganz positiv. Sonst heißt es doch immer, daß alle Beamten schlafen. Das kann man von diesen Herren dann doch nicht sagen.

Hermann: Du hast vielleicht ein Herz. Es ist doch auch unmoralisch.

Hermine: Ernst-Albert erzählt doch immer, daß sie bei ihm auf dem Amt Schiffeversenken spielen. Das ist doch viel unmoralischer. Und mit irgendwas müssen sich die Beamten doch beschäftigen, wenn sie nicht einschlafen wollen.

Hermann: Na, hör mal, Hermine, die sind doch nicht zum Spielen auf dem Amt.

Hermine: Wofür die auf dem Amt sind, das wissen die doch meist selber nicht. Ich hab' neulich gelesen: In Antwerpen ist ein städtischer Beamter 17 Jahre lang jeden Tag pünktlich in sein Büro gegangen und um 17 Uhr wieder nach Hause, obwohl seine Planstelle längst gestrichen war. Aber man hatte vergessen, es ihm zu sagen. Erst als jetzt das Gebäude abgerissen wurde, stellte man fest, daß der Beamte dort immer noch saß. Mutterseelenallein. Daß er nichts zu tun hatte, ist ihm gar nicht aufgefallen. Und jetzt geht er bald in Pension.

Hermann: Zustände sind das! Die sollen doch arbeiten, die Beamten, wie andere auch.

Hermine: Um Himmels willen, Hermann. Beamte, die arbeiten, richten ja noch das allermeiste Unheil an, sie denken sich bloß neue Schikanen für uns aus. Nee, nee – wenn sie schon mal anfangen, mit Callgirls zu telefonieren, Hermann – das ist ja schon richtig was Menschliches, was man von Beamten doch eigentlich gar nicht gewohnt ist.

Schenkst du mir Geschenkpapier

Steh' ich da in so einem Laden, wo es lauter Sachen gibt, die kein Mensch gebrauchen kann. Na, Sie wissen schon: so Glasfiguren, Untersätze, Igel, Schweine, Zwerge, Aschenbecher – so eine »Geschenke-Boutique«, nicht wahr.

Also – ich such' da was und find' nix – da beobachte ich, wie eine vornehme Dame sich von der extravaganten Boutique-Besitzerin das »Geschenkpapier« erklären läßt.

»Diese Geschenkpapierbogen«, sagt die Boutique-Tante, »sind von dem italienischen Designer Mario Manetti entworfen. Und diese Motive hier in Silberdruck von dem Franzosen Jean Duvreaux. Fünf Mark der Bogen.«

»Fabelhaft. Phantastisch. Diese Ästhetik, diese spielerische Ornamentalistik«, schwärmt die vornehme Dame. »Ich nehme sechs Bogen von jedem.«

Sie blickt noch einmal entzückt auf das Papier-Design – und dann kommt der Nachsatz, der mich stutzen läßt:

»Und wickeln Sie es mir bitte als Geschenk ein.«

Ich bin sonst eher schüchtern fremden Damen gegenüber –

ja, ehrlich. Aber jetzt platze ich doch heraus:
»Als Geschenk? Sie verschenken Geschenkpapier? Kann man das heutzutage?«
Die Dame sieht mich kritisch an.
»Natürlich. Meine Schwester sammelt Geschenkpapiere. Dies ist ein Design von Manetti.«
»Und von wem ist das Design von dem Geschenkpapier für das Geschenkpapier?« frage ich.
»Das ist nur ein Schmidt-Brevo. Sein diesjähriges Weihnachtsdesign. Wir nehmen es zum Einwickeln.«
»Und Ihre Schwester?« frage ich die Dame. »Wickelt die in das Geschenkpapier Geschenke ein?«
»Wohl kaum. Sie sammelt Geschenkpapiere. Sie ist eine Spezialistin darin.«
Ich gehe aus dem Laden und muß an meine Tante Lotte denken. Die war auch eine Spezialistin. Sie sammelte nicht nur Geschenkpapiere, sondern Einwickelpapier aller Größen und Farben. Sie sammelte auch Kartons, Margarine-Becher, Eis-Pappbecher, Plastiktüten, Kaffeedosen, Weihnachtspapier bügelte sie wieder auf, damit es wie neu war. Zwei Kleiderschränke und der halbe Keller waren voll davon, als Tante Lotte starb.
»Wenn schlechte Zeiten kommen, kann man das alles wieder brauchen«, sagte sie immer.
Ach, Tante Lotte! Wer hätte das gedacht: Die Leute sammeln wieder Einwickelpapier. Aber – weil die Zeiten so üppig sind. Ich glaube, Tante Lotte, das könntest du nicht verstehen.

Wehrkraftzersetzung

Es hat sich empört der Leiter des Pressestabes der Hardthöhe, Oberst Prayon. Ob zum Beispiel Minister Möllemann nicht wisse, daß die Bundeswehr allein 400 Millionen Mark für Bildung ausgibt. Universitäten, Fachschulen, Schulen der Bundeswehr! »Die Bundeswehr hat mehr Professoren als Generäle!«

Da denke ich: Moment mal. Bildung? Bildungsausgaben? Was ist denn eigentlich Bildung?

Bildung ist doch wohl das Ringen des menschlichen Geistes um Wahrheit und Erkenntnis. Bildung ist die Frage nach dem Sinn des Lebens, das Infragestellen aller vordergründigen Erscheinungen, die Suche des menschlichen Geistes nach einer endgültigen Antwort.

Je mehr der Mensch denkt, desto mehr verachtet er alle Gewaltanwendung. Gewalt ist geradezu das Gegenstück des Geistes. Allenfalls führt wahre Bildung dazu, die Unvollkommenheit menschlichen Wollens einzusehen. Lessing – wahrhaft ein gebildeter Mann – hat Gewaltanwendung als das Prinzip des Ungeistigen schlechthin entlarvt. Sokrates, der Ironiker, hat nie daran gedacht, sich mit Gewalt gegen seine Mörder zu wehren: Es ist einfach unter der Würde des Geistes.

Daraus folgt aber dann doch auch: Bildung ist in jedem Falle wehrkraftzersetzend. Je größer der Bildungsgrad, desto geringer die Eignung zum Schießen und Atomraketenabfeuern!

Und da gibt unsere Bundeswehr 400 Millionen Mark für Bildung aus? Wenn das keine Schwächung der Truppen und ihrer Schlagkraft ist, dann weiß ich es nicht. Welcher General wünscht sich Soldaten, die gebildet sind, die nachdenken, zweifeln, hinterfragen?

Seltsam. Ungewöhnlich – eigenartig. Dieser Oberst Prayon unterminiert also unsere Bundeswehr. Oder wie soll ich das sonst verstehen?

Mit militärischen Ehren

Hermann und Hermine, das Rentnerehepaar, sitzt wieder auf dem Sofa.

Im Fernsehen ist Bundespräsident von Weizsäcker zu sehen. Auf seiner Afrika-Reise. Wie er gerade eine Ehrenformation Soldaten abschreitet.

Dazu sagt der Tagesschau-Sprecher:

»Bundespräsident von Weizsäcker wurde in Nigeria mit allen militärischen Ehren empfangen . . .«

»Schrecklich find ich das«, sagt Hermine.

»Was denn?« knurrt Hermann.

»Mit militärischen Ehren. Wenn man einen Gast empfängt, muß man ihn doch nicht mit lauter Soldaten, mit Gewehren und Kanonen und was weiß ich begrüßen. Ich würd' mich direkt fürchten, wenn ich aus dem Flugzeug komm', und da steht 'ne ganze Truppe.«

»Davon verstehst du nichts«, knurrt Hermann. »Das ist doch eine besondere Aufmerksamkeit für den Staatsgast!«

»Werd' ich nie begreifen. Ist doch schrecklich genug, daß es überhaupt Soldaten geben muß. Das ist doch keine Ehre für die Menschen, sondern sollte man sich eher für schämen, daß die Menschheit nicht ohne Gewaltandrohung in Frieden leben kann. Darum müßte man doch die Soldaten eher schamhaft verstecken, als damit herumprahlen, wenn ein Präsident kommt.«

»Du tütelst schon wieder«, sagt Hermann. »Es ist eben eine besondere Ehre, daß sie ihr Militär zeigen – und nicht auf ihn schießen. So, wie man einem Freund zeigt, daß man ein Gewehr im Schrank hat oder einen Dolch. Das imponiert dem Freund – und er weiß gleichzeitig: Im Ernstfall muß ich mich vor dem Kerl vorsehen.«

»Ich würde es jedenfalls viel schöner finden, wenn die keine

Soldaten zum Empfang hinstellen würden, sondern einfach nur freundliche Bürger, einfache Leute aus dem Volk – vielleicht mit ein paar Blumen oder so.«
»Sag' ich doch: Du tütelst. Zum Staatsempfang will der Staat doch vorzeigen, worauf er stolz ist. Aber auf einen einfachen Menschen – ohne Uniform, ohne Orden oder ohne Gewehr – ist noch nie ein Staat stolz gewesen. Das wär ja was ganz Neues.«

Die bayrische Tragödie

Eine der größten politischen Tragödien der Bundesrepublik Deutschland war die Tragödie, wie der große Franz Josef Strauß seine Demontage erleben mußte.
Von ihm, dem größten bayrischen Politiker aller Zeiten, der die »Spiegel«-Affäre und alle möglichen anderen finsteren Affären überdauert hatte, hieß es plötzlich im Jahre 1988: »Altersstarrsinn bestimmt sein Handeln« oder »Fahrlässige Attitüden eines Brandstifters« oder »Der Unfehlbare hat sich lächerlich gemacht.«
Was war geschehen?
Neid und Mißgunst haben den großen Mann ramponiert und gedemütigt – alles wegen einer Angelegenheit, die unter dem Stichwort »Flugbenzin« lief. Keiner von all den Neidhammeln, Kleinlichen hörte auf den tapferen Generalsekretär der CSU, den heldenmütigen Streiter für seinen Herrn, den braven Erwin Huber, der soeben erst folgendes gesagt hatte (wörtlich):
». . . Steuerbefreiung für Flugbenzin sollte ja nicht für Franz Josef Strauß persönlich sein. Auch nicht für die Hobby-Flieger. Sondern für die gewerblichen Flieger!« Und daß Bayern schließlich ein Flächenstaat sei. Da ist es wichtig, daß die gewerblichen Unternehmer in Konkurrenz zum Ausland ih-

re Verpflichtungen und Termine per Flugzeuge wahrnehmen können!
Ja, merkte denn eigentlich niemand, welch ein Drama, welche Tragik sich hinter diesen Worten verbargen? Erwin Huber – nichts anderes wollte er uns doch sagen als dies:
Unser liebes Bayern, das Ferienparadies in Sommer und Winter, diese deutsche Urlandschaft, hat natürlich wie jede Wildnis keine Infrastruktur! Vielleicht mal eine Urlauber-Eisenbahn, vielleicht eine einspurige Autostraße durch den tiefen Wald – aber sonst: ein Land ohne Weg und Steg. Einige steinige Pfade, sonst nichts. Wildnis in ihrer Urbeschaffenheit.
Aber nun: die zähen bayrischen Unternehmer. Sie lassen sich nicht unterkriegen von der Wildnis. Um den Käse und die Milch von den Almen zu holen, um die handgefertigten Zithern und Kruzifixe auf den Weltmarkt zu bringen – kühn und tapfer vertrauen sie sich dem einzigen Verkehrsmittel an, das in diese Urlandschaft vorstoßen kann: dem wetterstrotzenden Sportflugzeug. Und so starten sie aus dem unwegsamen Gelände vom Wasserspiegel des Chiemsees und wassern auf dem Tegernsee. Sie starten in München und landen auf winzigen Felsplateaus unterhalb der Zugspitze. Selbstlos und waghalsig im Einsatz für die bayrische Wirtschaft, für unser geliebtes Bayern!
Und was war der Dank der Bevölkerung? Neid, Mißgunst, Ignoranz. Man gönnte ihnen nicht die wohlverdiente Steuerbefreiung.
Schamt's euch, Leud', ihr hundsmiserabligen! Schamt's euch!

Alles tot, nur das Finanzamt lebt

Haben Sie Ihren Lohnsteuerjahresausgleich schon beantragt?
Dann wird's aber Zeit!
Wenn der Atomkrieg kommt, werden Sie es nämlich bereuen. Dann sitzen Sie da unten im Atombunker und dürfen oben nicht mitspielen.
Im Falle eines Atomkriegs wird nämlich das Finanzamt im Atombunker fleißig weiterarbeiten.
»Bei der Planung neuer Verwaltungs- und Behördenbauten ist in jedem Falle ein atomwaffensicherer Großschutzraum vorzusehen«, lautet die Bestimmung.
In München wird zur Zeit für 41,5 Millionen Mark ein imposanter Neubau für das Finanzamt errichtet. Die Bauarbeiten müssen besonders gut vorbereitet werden, weil der atomwaffensichere Großschutzraum mit einer meterdicken Betonplatte abgedeckt werden muß.
Im Falle des Atomangriffs können die Finanzbeamten mitsamt ihren Akten in den Bombenkeller umziehen, um dort weiterzuarbeiten. Etwa anwesende Steuerpflichtige dürfen bei Alarm auch mit in den Keller.
Für mich hat diese Meldung etwas Symbolisches. Wenn von der Menschheit nach einem Atomkrieg überhaupt etwas übrigbleibt, dann muß es etwas Typisches sein! Etwas, das eventuell einmal eintreffenden Außerirdischen zeigt: Dies war das Höchste, was die Menschheit hervorgebracht hat, das, worauf sie am meisten stolz ist.
Na, und auf was können wir mehr stolz sein als auf unsere Steuerakten? Welch literarische Kunstwerke sind allein die Einkommenssteuer-Formulare mit Zusatzbogen und Mehrwertsteuer-Erklärung! Die Ordner zum Steuerrecht werden von den Außerirdischen mit größter Ehrfurcht durchgeblättert werden. Welch unergründliche, geheimnisvolle Zeichen

und Beschreibungen! Ein ewiges Welträtsel, erhabenes Mysterium!
Und stellen Sie sich bitte die Szene vor: Draußen ist die Apokalypse. Die Sonne steht blutig am Himmel. Die Erde atmet glühendes Gift. Alles ist verwüstet. Donner, nicht enden wollender, rollt um den Erdball.

Aber drunten im Keller sitzt ungerührt der Finanzbeamte Westerhagen und sagt zu dem steuerpflichtigen Hans Meier:
»Der Bewirtungsbeleg ist unvollständig. Den kann ich nicht anerkennen.«

Die Predigt des auferstandenen Feldkuraten Katz

Ich hab' ihn wieder predigen hören – den Feldkuraten Katz aus dem Schwejk! Und ich schwör's: Er muß wieder vollkommen besoffen gewesen sein. Es war ganz wie damals, als er die Soldaten aus dem Garnisonsarrest zusammengerülpst hat. Wissen Sie noch?
»Ihr Lumpen, ihr Drückeberger, ihr werdet die himmlischen Heerscharen singen hören, wenn euch die Granate das blöde Gehirn rausgepustet hat, ihr Sünder, ihr Hosenscheißer!

Amen! Abgetreten!«
Ja, so war es damals. Die Soldaten haben sich eins gefeixt. Und genauso war es wieder.
Nur, daß der Feldkurat aus dem Schwejk sich jetzt umbenannt hat. Er heißt nicht mehr Katz. Er heißt jetzt Reinhard Gramm. Und es ist was geworden aus ihm! Er ist jetzt Generaldekan und Leiter des evangelischen Kirchenamtes für die Bundeswehr in Bonn. Auf der 33. Gesamtkonferenz der evangelischen Militärpfarrer hat er losgelegt:
»Das könnte euch so passen, ihr Saukerle! **Von wegen vollständiger Abbau sämtlicher Atomwaffen! Es ist euch wohl kein bequemer Gedanke, he, ein Leben, an dessen Wegrändern Atomwaffen aufgereiht sind wie Alleebäume?** Aber ich sage euch, ihr Gottesleugner, ihr Lumpengesindel: **Ihr habt doch gar nicht genug Geist, Verstand, Moral und Religion, daß ihr ohne Atomwaffen auskommt. Ein Quantum Angst,** ihr Hosenscheißer, **ist gar kein unnötiger Ersatz für noch nicht gewonnene Tugend!«**

Jawohl, er muß wieder den ganzen Meßwein ausgetrunken haben. Die in der vorderen Reihe saßen, sagen, sie hätten seine Fahne gerochen. Aber er war auch wieder wunderbar in Fahrt:
»Und glaubt bloß nicht, nur weil die Amerikaner mit den Russen über Abrüstung reden, daß ihr bald in Frieden fau-

lenzen könnt. Wir werden euch schon die Feindbilder ersetzen! **Mit einer zeitgerechten, tragenden Wehrmotivation. Und Kriegsdienst verweigern ist kein christliches Zeugnis!** Ihr Drückeberger, ihr sündigen Schufte! **Sondern Wehrdienst ist ein christliches Zeugnis.** Ich werde euch lehren, was christlich ist, ihr Saubande!«
Wie gesagt: Es war wieder eine Hetz. Und wer es nicht gehört und gelesen hat, der wird es wohl kaum glauben.

Drama mit Quitten

Der Quittenbaum von Böckelmann ragt mit einem großen Zweig auf das Grundstück von Stelter.
Vor zwei Jahren durfte Böckelmann noch zu Stelter rübergehen und seine Quitten abpflücken. Aber inzwischen hat Böckelmanns Hund den Hund von Stelter gebissen. Oder Stelters Hund den Böckelmannschen – das ist eben nicht ganz klar.
Darum läßt nun Stelter den Böckelmann nicht mehr an seine Quitten ran. Im vorigen Jahr hat Böckelmann den Stelter aufgefordert: »Wenn ich schon nicht Ihr Grundstück betreten darf, dann geben Sie mir wenigstens meine Quitten raus.«
»Das sind nicht Ihre Quitten«, hat Stelter erwidert. »Lesen Sie mal das BGB. Das sind nur solange Ihre Quitten, wie sie am Baum hängen, wenn sie runterfallen, gehören sie mir.«
Böckelmann hat mit ansehen müssen, wie seine Quitten bei Stelter auf den Rasen gefallen sind. Und der hat sie vergammeln lassen.
Dieses Jahr nun hat sich die Sache dramatisch zugespitzt: Plötzlich sieht Böckelmann morgens, wie Stelter mit einer Säge auf eine Leiter steigt und anfängt, den Ast von Böckel-

manns Quittenbaum abzusägen. Böckelmann rennt in seinen Garten. Aber Stelter ruft ihm schon entgegen:
»Regen Sie sich gar nicht erst auf, Herr Böckelmann. Im BGB steht: Zweige, die aufs Nachbargrundstück ragen, dürfen vom Nachbarn abgesägt werden!«
Böckelmann, als der Quittenbaumeigentümer überaus empört: »So! Dann wissen Sie wohl auch, daß die am Zweig hängenden Quitten mir gehören!«

Stelter hämisch: »Selbstverständlich. Solange sie am Zweig hängen. Wenn sie aber runterfallen, sind sie Fallobst. Und das gehört mir. Und ich lass' es vergammeln.«
Stelter hat angefangen zu sägen. Dadurch sind die reifen Quitten eine nach der anderen abgefallen.
»Halt!« hat Böckelmann gerufen. »Sie machen sich strafbar. Im BGB steht, daß Sie die Quitten nicht vom Baum entfernen dürfen. Auch nicht durch Schütteln!«
»Ich schüttel' ja gar nicht. Ich säge. Und das darf ich – laut BGB.«
Böckelmann, ohnmächtig mit ansehend, wie an seinem Baum gesägt wird: »Ich werde Sie verklagen! Das ist Obstbeschädigung. Ihr Sägen ist auch ein Schütteln. Sie haben nicht das Recht, meine Quitten vom Baum zu schütteln.«
Stelter ist von der Leiter gestiegen und hat Böckelmann den Ast hingehalten, an dem keine einzige Quitte mehr hing.

»Wenn Sie Wert auf den Ast legen, werfe ich ihn gern auf Ihr Grundstück, Herr Böckelmann.«
Böckelmann ist ins Haus gerannt.
»Ich bring' den Stelter um!« hat er gebrüllt.
»Lieber nicht«, hat seine Frau gesagt. »Das will er doch nur erreichen!«

Umweltschutz macht Spaß

Altbundespräsident Carstens hat eine Schulklasse prämiert:/ wer am meisten Papiertaschentücher im Wald gesammelt hat. / Ein positives Zeichen, wie die Jugend sich für die Umwelt engagiert! / Drei Zentner Papiertaschentücher und anderen Unrat!
Nina und Peter haben eine Woche ihrer Ferien drangegeben, / um Bonbonpapier und Coladosen aus dem Gebüsch aufzuheben.
Jawoll!
Die immer alles miesmachen, / große Miesmacher sind das!
Es geschieht doch was! / Es geschieht doch was! / Umweltschutz macht Spaß!

In Hannover sind 200 Mütter und Hausfrauen zusammengekommen: / Jetzt wird endlich was Konkretes für die Umwelt unternommen. / Wo wir einen Hundehaufen im Park oder auf der Straße entdecken – / da werden wir den Hundebesitzer direkt mit der Schnauze reinstecken.
Weil jeder Bürger eine eigene Umweltverantwortung hat / für die Rettung der Natur und die Sauberkeit unserer Stadt.
Jawoll!
Die immer alles miesmachen . . .

Ist das Meer auch nur noch Gift und Jauche,
der Minister hat gerührt
auf der Fernseh-Robbenbabytaufe
selbst ein Robbenbaby adoptiert!

Radio Hamburg 2000 veranstaltet einen Riesen-Happening-Zauber: / Prominente halten unsere Parks und Grünanlagen sauber. / Inge Meysel und Klaus Jürgen Wussow sammeln im Dauerlauf / Zigarettenschachteln und Bonbonpapier von der Stadtparkwiese auf. / Der Erste Bürgermeister wird sich sogar selbst die Ehre geben / und höchstpersönlich Zigarettenkippen vom Bürgersteig aufheben.
Jawoll!
Die immer alles miesmachen . . .

Dröhnt und kracht der Flieger auch am Himmel,
der Minister hat erst heut
eine superleise Fahrradbimmel
für den Lärmschutz eingeweiht.

Aufsichtsrat Dr. Meyer Blöhdorn von der Konsumkette Dreyer / sagte gestern auf der Nahrungsmittel-Umweltschutzfeier: / Als Konsumkette sind wir die Vorreiter für unser Land / für die Einführung der Pfandflasche mit Pfandflaschenpfand. / Wir werden in verschiedenen Vorbereitungsstufen / für 2003 den europäischen Pfandflaschenbefürwortungskongreß einberufen.
Jawoll!
Die immer alles miesmachen . . .

Kapitel 2

Verdächtig unverdächtig!

Schopenhauer, du bist widerlegt!

Mein lieber Arthur! Jetzt will ich Dir mal was sagen: Du hast absolut unrecht! Läßt Dich da jetzt feiern, 200. Geburtstag – als größter Pessimist aller Zeiten, als genialer Miesmacher des Menschengeschlechts!
Ich aber habe konkrete Beweise: Es geht doch aufwärts mit dem Menschen.
»Veränderungen der Menschheit zum Guten hin?« hast Du gehöhnt. »Daß ich nicht lache: Die Welt ist eine Erfindung des Teufels!« Ja, so hast Du geschmäht. »Das fortwährende Dasein des Menschengeschlechts ist lediglich der Beweis für die Geilheit desselben!«
Jaja, und verspottet hast Du die großen Philosophen des Positiven. Den großen Hegel mit seinem Weltgeist, der die Geschichte endlich zur Vollendung treiben wird! Verachtet hast Du alle großen und kleinen Heilsverkünder der Menschheit!
»Wo? Wo ist sie denn, die Besserung des Menschengeschlechts zur Gerechtigkeit? Ach, auch nur zu etwas weniger Grausamkeit?« hast Du höhnend gefragt. »Von Jahrhundert zu Jahrhundert ist es höchstens unerträglicher geworden!«
Ach ja, Schopenhauer, ich weiß: Würdest Du heute aus Deinem Grab hochkommen und in unsere atomwaffenstrotzende Welt sehen – Du würdest nur Dein boshaftes Lächeln lächeln und bemerken: »Hab' ich doch vorhergesagt!«
Aber nein, Schopenhauer, Du irrst!
Ich habe hier eine andere Meldung für Dich:
(dpa) *»Das Verwaltungsgericht Braunschweig hat entschieden, daß einem Sozialhilfeempfänger für den Winter ein zweites Oberbekleidungsstück und ein Schal zustehen.«*
Und zwar hat das Gericht diese Entscheidung sogar im Eilverfahren (im Eilverfahren, mein Lieber!) getroffen. Ein

zweites Oberbekleidungsstück! (Falls das erste mal gewaschen werden muß.) Gib es also zu, alter Miesmacher: Das Menschengeschlecht hat Fortschritte gemacht!
Ein zweites Oberbekleidungsstück für Sozialhilfeempfänger. Und ich sage Dir, Arthur: Es wird keine hundert Jahre dauern, dann werden sie sogar entscheiden, daß Sozialhilfeempfängern auch noch eine Mütze zusteht.
Und da sollen wir von Dir lernen, die Menschheit macht keine Fortschritte?

Wie der Kanzler die Arbeitslosigkeit besiegt

Unser Kanzler hat als erster den Einfall gehabt: Man muß zunächst unterscheiden zwischen »echten« und »unechten« Arbeitslosen. Sofort hat er seinen wirtschaftspolitischen Sprecher, Mathias Wissmann, verkünden lassen: »Von den **2,2 Millionen** Arbeitslosen der Nürnberger Statistik wollen **700000** gar nicht arbeiten. Bleiben also ›echte Arbeitslose‹ nur noch **1,5 Millionen**.«
Ja, so wird die Arbeitslosigkeit besiegt. Da stehen die Herren von den Gewerkschaften und von der SPD ganz schön dumm da. Denen fällt ja nichts ein zur Bekämpfung der Arbeitslosigkeit. Aber der Kanzler! Ha, wenn der erst seine verfeinerte Statistikauswertung freigibt:
»Wir haben (wie bereits bekanntgegeben) **1,5 Millionen** Arbeitslose.
Davon sind aber sowieso SPD-Wähler: **300000.**
Bleiben ›echte Arbeitslose‹: **1,2 Mio.**
Davon sind regelmäßig als Bohrer und Dreher beschäftigt (Nasenbohrer und Popeldreher): **850000.**
Bleiben ›echte Arbeitslose‹: **350000.**
Davon sind auf der Bank beschäftigt (Parkbank, Bahnhofsbänke): **220000.**

Bleiben ›echte Arbeitslose‹: **130000.**
Davon arbeiten an sich selber: **65000.**
Bleiben ›echte Arbeitslose‹: **65000.**
Davon werden dringend als Tagesfernsehzuschauer für Bundestagsdebatten gebraucht (wer soll sich das sonst ansehen?): **64.998.**
Bleiben ›echte Arbeitslose‹: **2.**«
Der eine davon ist Hugo Möller vom nun geschlossenen Arbeitsamt Hamburg (Hugo Möller war der einzige, der sich mit den Arbeitslosen bisher »echte Arbeit« gemacht hatte).
Und der andere: ist der Kanzler selber.
Aber der schafft sowieso alles ohne »echte Arbeit«. Einfach durch Sitzen oder Zahlenverdrehen.
Ja, meine Herren Gewerkschafter und SPD-Protestierer! Statistik ist dafür da, daß man sie richtig auswertet!

Konsequenter Kohl

»Das ist ja zum Haareausreißen!« rief ich. »Kanzler Kohl greift Juristen und Richter an! Wenn Juristen gegen Atomraketen demonstrieren oder die Volkszählung nicht mitmachen – dann ist das ›ein Anschlag auf den Rechtsstaat‹! Der hat es nötig! Der Briefumschlag mit den 30000 Mark Parteispenden ist heute noch nicht wieder aufgetaucht. Die Parteispenden-Affäre hat dieser Schönredner wohl vergessen. Wenn Volksvertreter genau die Gesetze, die sie selbst gemacht haben, selber übertreten: Das ist wohl kein Anschlag auf den Rechtsstaat!
Daß dieser Mann nicht vor Scham errötet, wenn er über Recht und Gesetz redet! Über dunkle Kanäle Parteispenden in die eigenen Kassen fließen zu lassen, Steuerhinterziehungen stillschweigend zu billigen – das ist alles in Ordnung.

Denn es geht ja um die eigene Macht! Aber gegen Atomraketen eine Sitzblockade abhalten. Oder diese alberne Volkszählung sich nicht wie ein blödes Schaf gefallen zu lassen – (Sind Sie von Januar bis Mai oder von Mai bis Dezember geboren? Seit wieviel Monaten steht Ihre Wohnung leer? Hahahaha!) –, das ist natürlich staatszersetzend! Zum Haareausreißen!«

»Ruhe! Ruhe! Ruhe!« sagte Herr Z., mein seltsamer Bekannter, dem ich diese Worte ins Ohr brüllte. »Wollen Sie dem Kanzler vorhalten, daß er sich konsequent verhält? Denn konsequent ist er. Sehen Sie: Juristen, die sogar ihre eigene Stellung aufs Spiel setzen, wenn sie zum Beispiel gegen den Raketenwahnsinn demonstrieren, haben wirklich eine andere Rechtsauffassung als der Kanzler. Sie sagen sich: Wenn die Atomraketen jemals gezündet werden, gibt es überhaupt kein Recht mehr – weil es gar keine Menschheit mehr gibt –, und das erscheint ihnen ›übergeordnet‹. Aber das ist eine im herkömmlichen Sinne hochmoralische Auffassung. Die kann der Kanzler nicht teilen.

Und was die Volkszählung angeht: Dieses Volk hat viel zu oft ›ja‹ gesagt. Wenn es jetzt kritischer geworden ist und das ›Neinsagen‹ übt, ist das in meinen Augen eine weitere moralische Gesundung. Aber der Kanzler will doch keine moralische Gesundung, sondern ...«

»Sondern – was?«

»Die moralische Wende! Das hat er doch immer gesagt. Nicht Ehrlichkeit ist wichtig, sondern Machterhalt! Wenn Richter kommen und bohrende Fragen stellen, darf man Ausreden erfinden, Gesetzesübertretungen für Gewohnheitsrecht erklären, Gedächtnislücken haben usw. ... Da dürfen Sie sich doch nicht aufregen und wundern, wenn er gegen Juristen wettert, die wirklich für das Recht sind und für den Menschen! Ja, er ist Kanzler, und er hat die moralische Wende versprochen. Und daran hält er sich!«

Sind Frauen doch nur eine Tierart?

»Der größte Chauvi muß wohl der liebe Gott sein.«
Ich hatte diesen Satz genau berechnet. Er war ein Volltreffer. Ich kenne doch Elisabeth. Ich sah es blitzen in ihren Augen.
»Na, und weiter?« sagte sie.
»In irdischen Angelegenheiten holen die Frauen ja allmählich etwas auf. Nur in der Direktverbindung zum Himmel werden sie niemals als gleichwertige Menschen anerkannt. Sie sind und bleiben eben das Gefäß der Sünde!«
Noch beherrschte Elisabeth sich.
»Rede ruhig weiter.«
»Kardinal Ratzinger hat soeben in der ›Welt‹ seine katholischen Reformvorschläge ausgebreitet. Auch die Rechte der Frauen müssen verbessert werden. Nur eben Priester werden, das dürfen sie auf keinen Fall, sagt er.
Das muß man aber auch mal verstehen: Es ist ja noch gar nicht so lange her, daß die gelehrten geistlichen Herren darüber stritten, ob die Frau überhaupt eine Seele hat, ob sie zum Menschen- oder zum Tierreich zu zählen ist.«
»Und was hat das mit Gott zu tun?«
»Der Papst ist doch sein Stellvertreter und in Glaubensdingen unfehlbar. Und wenn der befindet, daß die Frau eben einfach nicht würdig ist, die priesterlichen Weihen zu empfangen . . .«
»Jetzt reicht's!« fauchte Elisabeth. »Es wird nicht mehr lange dauern – da werden wir Frauen eine eigene Kirche gründen! Und dann werden wir das Dogma verkünden, daß Gott eine Frau ist. Denn Gott ist die Liebe, und die Liebe ist weiblich . . .«
»Vorsichtig, vorsichtig, Elisabeth!« rief ich. »Die Hexenverbrennung hat die Kirche nämlich auch nur unfreiwillig aufgegeben (erst Ende des 18. Jahrhunderts) – und hat sich bis

heute noch bei keiner jener armen Frauen entschuldigt. Und ich bin ziemlich sicher: Gottesmänner wie Ratzinger würden viel eher wieder einen Scheiterhaufen errichten, als eine Kirche der Frauen zulassen!«

Unheimlich

Auf der Gartenparty von Michael saß ein verliebtes Paar etwas abseits von den anderen. Sie küßten sich hin wieder, sahen sich verliebt an und hielten Händchen.
Später, als der Mann einen Augenblick allein saß, kam ein anderer Gast und setzte sich zu ihm. Er bot ihm eine Zigarette an.
»Wo ist denn Ihre Freundin?« fragte er.
»Meine Freundin? Sie meinen meine Frau?«
»Ach so – Entschuldigung. Ich dachte nur – weil Sie noch so verliebt miteinander sind.«
»Ja. Wir lieben uns.«
»So hab' ich's nicht gemeint. Ich meinte ja nur – na, Sie verstehen schon.«
»Nein, ich verstehe nicht. Was meinen Sie denn?«
»Ach nichts, ich meine doch nur – ich sah, wie Sie sich küßten – ist ja auch in Ordnung, wunderbar. Aber da dachte ich natürlich: Die Dame ist Ihre Freundin.«
»Wieso? Wieso natürlich? Kann man nicht auch seine Frau küssen?«
»Aber klar. Warum nicht! Es ist eben nur nicht so üblich. Man sieht es seltener, daß jemand mit seiner eigenen Frau, wie soll ich mal sagen ...«
»Zärtlich ist, meinen Sie?«
»Na ja – wenn zwei so Hand in Hand sitzen und sich noch Küßchen geben und so – dann denkt man eben, das ist die Freundin und nicht die Frau.«

»Warum?«
»Ja, sag' ich doch. Weil man eben – wenn man noch verliebt ist . . . na ja, Sie wissen schon – aber wenn man verheiratet ist, ich meine, dann . . .«
»Küßt man sich nicht mehr?«
»Ja schon. Aber doch nicht so öffentlich. Wie wenn man verliebt ist . . .«
»Und warum nicht?«
»Herrgott, was weiß denn ich! Ich sag' ja nur: im allgemeinen. Das kennt man eben nicht so, daß zwei dann immer noch . . .«
Die Frau kam zurück. Zärtlich blickte sie ihren Mann an und nahm gleich seine Hand.
»Na, da will ich nicht länger stören, das junge Glück«, sagte er und wollte sich entfernen.
»So jung ist es gar nicht mehr, unser Glück«, sagte der Mann lächelnd. »Wir sind schon sechs Jahre verheiratet.«
»Na, prima. Desto besser«, sagte der andere. Er ging schnell weg – wie einer, der etwas sehr Unheimliches erlebt hat.

Der Hund als Beamter

Viele haben die Geschichte vom Polizeihund Harro gelesen. Peinlich: Harro hat sich direkt vor der weltberühmten Davidwache von einem Angetrunkenen entwenden lassen. Am

nächsten Morgen ist Harro allerdings wohlbehalten zurückgekehrt.
Natürlich wirft die Sache einige Grundsatzfragen auf: Wie kann ein dressierter Polizeihund, der auf Diebe und Einbrecher gedrillt ist, sich selber klauen lassen? War Harro vielleicht durch einen kriminellen Polizisten verdorben, der mit der Unterwelt zusammenarbeitet?
Aber keine Angst. Harro selbst hat eine sehr plausible Erklärung abgegeben. Denn auch seine Mithunde fragten ihn natürlich, wie das geschehen konnte, als Harro glücklich zurückkam.
»Wuff«, sagte Harro, »ihr habt gut reden. Ich bin Beamter. Und was braucht man als Beamter? Vorschriften! Aber bitte: Kann mir einer von euch die Vorschrift nennen: wie der beamtete Hund sich bei Selbstentwendung durch Hundediebe verhält?
Es gibt keine solche Vorschrift! Also kann ich auch nicht handeln als Beamter!
Ich kenne alle Vorschriften genau. Zum Beispiel die Verfügung XS 1073/87 über das Beißen von Demonstranten mit oder ohne Vermummung.

1.1 Demonstrierende ohne Vermummung sind vom Polizeihund in Höhe des Hosenbodens möglichst unter Herausreißung desselben zu beißen.
1.2 Demonstrierende mit Vermummung sind vom Polizeihund mit einem Durchbiß der linken Wade zu versehen.

1.3 Bei späterer Gegenüberstellung mit Demonstranten hat der Polizeihund alles abzustreiten.
Jawohl. Alle Verfügungen kenne ich auswendig. Zum Beispiel die Fußballfan-Anbellungs-Verordnung mit der Zusatzvorschrift der vorbeugenden Zähnebleckung mit dreimaligem Anknurren vor dem Zubeißen.
Aber eine Polizeihund-als-Diebesgut-Verhaltensvorschrift gibt es bei uns nicht.
Als verbeamteter Polizeihund weiß ich aber: Der Beamte darf niemals auf eigene Initiative, sondern nur nach Vorschrift handeln. Und dies ohne jedes Nachdenken über Sinn oder Unsinn der Vorschrift. Wenn aber eine Vorschrift nicht vorliegt, kann der Beamte auch nicht handeln. Ich habe mich also als Polizeihund völlig korrekt verhalten.«

Verrückt – und fein heraus

Diese kleine Geschichte – die Geschichte vom Herrn Hock – ist nicht erfunden:
Vor der 13. Großen Strafkammer des Darmstädter Landgerichts war der 57jährige Leiter des Finanzamts Offenbach-Land, Reinhard Hock, angeklagt, sogenannte Abschreibungsgesellschaften steuerlich anerkannt zu haben, ohne daß es die rechtlichen Voraussetzungen dafür gab. Das kostete den Fiskus zunächst 127 Millionen Mark.
Daß Hock dafür bestochen wurde, konnte noch nicht nachgewiesen werden. Das Verfahren mußte jedoch eingestellt werden. Hock konnte das Gericht überzeugen: Seine geistige Kraft hatte so sehr nachgelassen, daß er die schwierigen Abschreibungsgesetze gar nicht richtig begreifen konnte. Er klagte schon am ersten Verhandlungstag über starke Gedächtnis- und Konzentrationsstörungen. Der Staatsanwalt hielt Hock bis zuletzt für einen raffinierten Simulanten.

Trotzdem wurde Hock freigesprochen. Seine Pension bleibt ihm selbstverständlich. Ein Disziplinarverfahren muß er auch nicht befürchten.
Im Schatten dieses Geschehens leiden mehr als 4000 Anleger vor sich hin: Hasardeure, Glücksritter, naive Geldanleger – alle hatten im Vertrauen auf Hocks Entscheidungen auf die Angebote der Anlageberater angebissen. Wenn der eine oder andere verrückt wird darüber – hat er leider Pech gehabt.
Nur wenn man als Beamter verrückt wird – hat das weiter keine Folgen.

Kunstwerke auf der Autobahn

»Verdammt! Sind die denn wahnsinnig geworden?« schrie Matthias schon auf der Segeberger Chaussee. Vor der Autobahnauffahrt Schnelsen-Nord: kilometerlanger Stau.
»Wieso müssen diese Idioten vom Bauamt ausgerechnet zum Ferienbeginn hier 'ne Baustelle aufmachen?«
»Das ist gar keine Baustelle«, sagte Jutta. Sie legte sich im Sitz zurück und drehte die Scheibe herunter.
»Das sind alles nur rot-weiße Absperrlatten, gelbe Lampen und Schilder. Von irgendwelchen Arbeiten ist überhaupt nichts zu sehen.«
Der Stau hatte sich schon auf drei Kilometer Länge aufgebaut.
»Ich glaube, da steckt die Kulturbehörde hinter«, sagte Jutta. »Mich erinnert dieses Gebilde aus Latten, Schildern und Lampen sehr an Berlin. Weißt du noch: Da haben die doch in der Nähe vom Kurfürstendamm auch so ein Kunstwerk aufgebaut. Absperrgitter und Straßenschilder aufgetürmt als Modern Art. Guck dir das hier mal nach Kunstgesichtspunkten an: irre, diese weiß-roten Signallinien mit den

gelben Bewußtmachungslampen! Straßenskulpturauffahrt Schnelsen-Nord: der Mensch in seiner Verlorenheit an die Zivilisation! – Oder: Ende einer Illusion. Die Raum-Markierung mit Pfahl und Latte. Die Straße. Das Schild. Der Asphalt. Die Intransigenz von Raum und Grenze!«
»Toll!« knurrte Matthias wütend.
Aber zwei Stunden später dann vorm Elbtunnel – als Jutta wieder anfangen wollte: »Dies ist die Plastik: Halt-inne-vor-dem-dunklen-Loch« – kam Matthias ins Grübeln:
Ja, irgendeine höhere Bedeutung mußten diese Baustellenabsperrungen ohne Baustellen weit und breit ja haben. Sie konnten ja dafür angelegt sein, den Autofahrern das Autofahren zu verleiden. Wir sollen alle umsteigen auf Privatflugzeuge. Das ist billiger, und in der Luft gibt's keine Baustellen!
Auf solche Ideen könnte man schließlich kommen, wenn man sich vergegenwärtigt, mit welcher Intensität sich 1988 die Koalitionspolitiker mit der Steuerbefreiung für Flugbenzin beschäftigt haben. Aber das würde die Absurdität ja wirklich auf die Spitze treiben . . . Nein, Jutta hat wohl den wahren Sinn dieser Baustellenabsperrungen ohne Baustellen schon richtig erfaßt.
Und während Martin im Stau verharrte, meditierte nun auch er darüber, was uns dieses zweckfreie Kunstwerk wohl sagen will . . .

Die Schocker

(für Frank Wedekind)

Du großer, wilder Frank Wedekind!
Guck mal her, da wirst du lachen:
Was *heute* so unsere Schocker sind.
Und wie sie Skandale machen!

Sie sitzen im großen Schauspielhaus
und haben es warm und trocken.
Was denken wir uns nun diesmal aus,
die Kulturelite zu schocken?

So ein Schocker ist heute festangestellt.
Bei staatlichen Subventionen.
Die Kulturelite jault und bellt:
Er möge uns schocken, nicht schonen!

Er zeigt ihnen ein erigiertes Glied,
die Titten, 'ne haarige Möse.
Ach, wie sich der Schocker zu schocken bemüht.
Mein Gott, ist er heut wieder böse!

Die Kulturelite jedoch ist verwöhnt.
Die Schauspieler echt kopulieren.
Das Parkett aber ist gelangweilt und gähnt.
Ach, man hat es nicht leicht beim Schockieren.

Du großer, wilder Frank Wedekind.
Das haut dich wohl richtig vom Hocker:
Wie ästhetisch sie und empfindlich sind,
unsre staatlich bezahlten Schocker!

Mut braucht es heute zum Schocken nicht viel.
Du mußtest im Kerker hocken.
Sie treiben es heut als Gesellschaftsspiel.
Und sitzen schön warm und trocken!

Yeroscha bei den Lilakarierten

Fast wäre es schiefgegangen: Der sowjetische Astronautenaffe Yeroscha ist wieder zur Erde zurückgekehrt. Aber er hatte sich doch schon losgerissen und spielte an den Instrumenten herum. Stellen Sie sich mal vor, Yeroscha hätte es geschafft, sein Raumschiff ins All zu lenken!
Plötzlich beschleunigt sich das Raumschiff. Bisher unbekannte Gravitationsfelder schleudern es in die Nähe der 87. Galaxis. Schon rast Yeroscha auf die »738 Y« zu – einen erdenähnlichen Stern, der von den lilakarierten Menschen bewohnt wird.
Unter den Lilakarierten herrscht große Aufregung. Die eine Partei sagt:
»Wir müssen das Erdenraumschiff sofort abschießen. Wir wissen, daß die sogenannten Menschen äußerst aggressiv und gefährlich sind. Die wollen uns bestimmt angreifen und töten!«
Die andere Partei aber mahnt zur Besinnung.
»Die Vorstellungen vom aggressiven Menschen sind vollkommen falsch. Es gibt Hinweise darauf, daß auf der Erde Begriffe wie Menschenwürde, Menschlichkeit, Menschenrecht immer für Friede, Liebe und das Gute stehen. Der Mensch ist gut und friedlich.«
So streiten sich die Experten.
Da landet der sowjetische Affe Yeroscha auf der »738 Y«. Er klettert aus seiner Kapsel, springt umher und dem erstbesten lilakarierten Männchen auf den Arm. Dem wühlt er in den Haaren, klatscht in die Hände und umarmt ihn.
Einen Augenblick sind alle verblüfft.
Dann bricht ein erleichtertes Lachen unter den Lilakarierten aus. Der Vertreter der Menschen-Aggressions-Theorie geht auf seinen Gegner zu und gibt ihm die Hand:
»Sie haben recht gehabt. Ja, die Menschen sind tatsächlich

menschlich. Sie haben Menschenwürde, wie wir nun sehen. Sie sind freundlich und liebevoll. Auch daß sie zu den intelligentesten Wesen im Weltraum zählen, ist nun bewiesen: Denn es gibt ja keine höhere Intelligenzstufe als die Friedlichkeit. Sei uns willkommen, du wahres menschliches Wesen!«
Na ja . . . Gar nicht so übel, so eine Geschichte – wenn wir uns dergestalt vertreten lassen könnten.

20 000 Jahre verschwunden

Klaus-Werner M. hatte seine Schwiegermutter umgebracht.
Das war geschafft. Da lag sie nun. In der Küche auf den Fliesen. Und nun? Wohin jetzt mit ihr? Klar hätte er sich das vorher überlegen können. Aber Klaus-Werner hatte sie ja gar nicht wirklich erschlagen wollen. Er wollte ja nur, daß sie endlich mal nicht mehr dauernd rumkeift mit ihm.
Wohin also jetzt mit ihr?
Heute nacht in ’nen Sack, in die Elbe?
Nee, geht nicht. Irgendwann taucht sie doch wieder auf. Und die Wissenschaftler heute analysieren und identifizieren einfach alles.
Verbrennen im Ofen?
Er hat doch gar keinen Ofen. Nur Zentralheizung.
Mit Säure in der Badewanne.
Kennt er sich nicht mit aus.
Vergraben im Garten?
Irgendwann gräbt sie jemand wieder aus.
Verdammt, was gibt es für ’ne Möglichkeit, eine Leiche absolut für immer verschwinden zu lassen? Wo niemand mehr rankommt? Irgendein Behälter, den man zuschließt und der nie wieder geöffnet wird. Tausend Jahre nicht.

Aber gibt es denn so was?
Plötzlich fiel Klaus-Werner etwas ein:
Ich hab' doch neulich mein Portemonnaie verloren. Wahrscheinlich ist es mir in die Tonne gefallen. Als ich es gemeldet habe, haben sie gesagt:
»Wenn eine Tonne erst mal verschweißt ist, kann man da nie wieder was machen. Die öffnet keiner mehr. Nicht der Zoll, nicht die Polizei, überhaupt keiner mehr. Auch nicht der Empfänger. Die prüfen nur die Papiere. Da kann Heroin drin sein oder Diamanten, Plutonium pur oder sonstwas. Aber so ein Atommüll-Faß macht keiner auf. Auch nicht an der Grenze.«
So hat Klaus-Werner M., Arbeiter bei der Atommüll-Entsorgung, seine Schwiegermutter verschwinden lassen. In vier Portionen.
Sie ist per Güterzug nach Schweden gegangen. Im Atommüll-Faß. Der Zoll hat die Sendung mit äußerster Sorgfalt geprüft. Die Papiere. Das Atommüll-Faß macht natürlich keiner auf.
Klaus-Werner M. schläft ruhig. Seine Schwiegermutter ist verschwunden. Mindestens für 20000 Jahre.

Müll in den Kölner Dom

»Ich habe einen gründlich durchdachten Vorschlag für unsere Umweltminister«, erklärte mir Herr Z. gestern mit feierlichem Gesicht. »Der hessische Ministerpräsident Wallmann muß sich schwere Vorwürfe, sogar aus dem Ausland, anhören, weil er tapfer dabei bleibt, die Grube Messel bei Darmstadt mit Müll vollzuschütten. Sie wissen: Das internationale Komitee der naturhistorischen Museen bezeichnet die Grube Messel als ›einmalige paläontologische Fundstätte von internationaler wissenschaftlicher Bedeutung‹.

Urpferdchen, Echsen, Schlangen, Vögel, Fische und vieles mehr aus der Zeit vor 48 Millionen Jahren finden die Forscher hier als Versteinerungen. Ein wundersam erhaltenes Blatt aus dem Tagebuch der Weltgeschichte. Die Grube mit Müll vollzuschütten, so warnt das Ausland, wäre ein Akt der Barbarei. Daher nun mein Vorschlag. Ein echter Kompromiß.«

»Ich höre. Ich bin gespannt!«

»Ich schlage vor: Man soll den Kölner Dom zur Mülldeponie machen. Bedenken Sie: Der Kölner Dom, das größte gotische Bauwerk Deutschlands, hat mit seiner fünfschiffigen Basilika, dem dreischiffigen Querbau und den beiden voluminösen Türmen ein Fassungsvermögen, das für den Zehnjahres-Müllanfall einer Großstadt reichen würde. Außerdem hätte man hier eine Art geschlossenen Container. Zudem bestünde die Möglichkeit, den Dreikönigsschrein aus dem 12. Jahrhundert unter dem Müll zu begraben. Und man würde die Millionen für die Restauration sparen, die der Dom uns kostet, solange er noch als Kunstwerk herumsteht.«

»Aber Herr Z., warum muß man denn unbedingt eine Stätte der Kultur zur Mülldeponie machen?«

»Das weiß ich auch nicht. Ich nehme an, die Umweltminister werden es schon wissen. Es hat vielleicht technische oder rituelle Gründe. Aber in dem Falle wäre doch der Kölner Dom ein genialer Kompromiß. Er ist nicht so wertvoll wie die Grube Messel. Er geht ja nur auf das 13. Jahrhundert zurück. Man könnte einen neuen großen Dom bauen. Alles Vorteile, die bei Messel nicht gegeben sind.«

»In der Tat«, sagte ich, »ein genialer Kompromiß. Wenn schon, dann nehmt doch den Kölner Dom. Das müssen sich die Herren mal durch den Kopf gehen lassen!«

Die traurige Mär vom Seehund Jonas

Vor drei Jahren schon war der Seehund Jonas an den Nordseestrand geschwommen. Mit geschwollenem Bauch und einem Geschwür am Auge. Einen Spaziergänger am Strand hatte er gefragt: Wie lange warten die denn noch? Ich habe doch gehört, die Nordsee soll wieder sauber werden!
Der Mann am Strand gab dem Seehund folgende Auskunft:

Das Umweltministerium
sagt: Ja, da kümmern wir uns drum.
Die Industrie weiß auch Bescheid:
Es ist die allerhöchste Zeit.
So geht es mit dem Meer nicht mehr.
Da müssen jetzt Gesetze her!
Zu groß sind schon die Schäden.
Wir müssen darüber reden.
Wir treffen uns, denn schließlich brennt's,
zu einer Nordseekonferenz.
Da sitzen wir an einem Tisch
und trinken Sprudel. Das macht zisch.
Als erstes dann beschließen wir:
Wir diskutieren durch bis vier.
Und fassen schließlich den Beschluß,
daß man etwas beschließen muß –
im nächsten Jahr! Ist abgemacht.
Du armer Seehund, gute Nacht!

Trotzdem kam der Seehund nach einem Jahr mit letzter Kraft noch einmal wieder an den Strand. Der Spaziergänger gab ihm die folgende Auskunft:

Aus Bonn gibt man jetzt zu verstehn:
Da muß jetzt endlich was geschehn!
Aus Amsterdam kommt der Beschluß:
daß da jetzt was geschehen muß.
Und London fordert, daß man sieht:

daß hier jetzt endlich was geschieht!
So kann es nicht mehr weitergehn.
Da muß jetzt wirklich was geschehn.
Die Industrie hat eingesehn,
so kann es nicht mehr weitergehn.
Die Landwirtschaft zum Fazit steht:
daß es so nicht mehr weitergeht!
Auch die Verbraucher, sie verstehn:
So darf es nicht mehr weitergehn.
Und alle fassen den Beschluß:
daß da etwas geschehen muß –
im nächsten Jahr! Ist abgemacht.
Du armer Seehund, gute Nacht!

Der Seehund kam leider nicht mehr wieder. Schade. Der Spaziergänger hätte ihm gerne noch vom neuesten Stand der Dinge berichtet:

Vereint am runden Tisch beraten
von Sorge erfüllt die Nordseestaaten.
Sie haben alle eingesehn:
Da muß jetzt endlich was geschehn . . .

Gegen den Strom

Vor fast sieben Jahren, am 2. 11. 1981, zog der heute 34jährige Drucker Dieter Schlichting einen Druckbogen aus seiner Maschine bei der Nord-Offset in Ellerbek. Ging damit zu seinem Chef und sagte:
»Das drucke ich nicht.«
Es handelte sich um einen Prospekt, der Bücher über »Deutschlands erregendste Zeit« anpries. Verharmlosende Biographien von deutschen Kriegsverbrechern und glorifizierende Schilderungen der Heldentaten der deutschen Armeen im Zweiten Weltkrieg.

Dieter Schlichting wurde entlassen. Wegen Arbeitsverweigerung.
»Da könnte ja jede Feministin daherkommen und sich weigern, einen nackten Busen zu drucken.«
Dieter Schlichting wehrte sich gegen die Kündigung. Fünf Jahre prozessierte er. Zuerst verlor er die Arbeitsgerichtsprozesse in der 1. und 2. Instanz. Am 20. 12. 1984 entschied endlich der 2. Senat des Bundesarbeitsgerichts, daß die Kündigung zurückgenommen werden muß: Der Arbeitgeber hat nicht das Recht, seinen Arbeitnehmer in einen solchen Gewissenskonflikt zu bringen.
Schlichting mußte wieder eingestellt werden.
Aber nun klagte die Firma auf Auflösung des Arbeitsverhältnisses »wegen der gestörten Vertrauensbasis«.
Wieder ging die Sache hin und her vor Gericht. Die 2. Instanz entschied wieder gegen Schlichting. Im Mai '87 entschied die 3. Instanz endlich, daß der Drucker wieder an seinen Arbeitsplatz zurückkehren kann – nach fast sechs Jahren.
»Und wofür das alles?« fragte mich gestern ein Bekannter, der selber Drucker ist und mit dem ich über diesen Fall sprach.
»Der hat sich bloß lauter Schwierigkeiten eingehandelt. Glaubst du, daß der jetzt lange bei seiner Firma bleiben kann? Die werden ihm schon die Hölle heiß machen. Und die Prospekte hat damals irgend jemand anders gedruckt. Verhindert hat er sie nicht. Und so ist es doch immer: Wenn ich nicht mitmache, macht es eben ein anderer. Als einzelner kannst du doch sowieso nichts machen.«
Das ist richtig. Aber desto mehr ist zu erwähnen: Hin und wieder gibt es ihn doch, den einzelnen, der gegen den Strom schwimmt.
»Und was hat der erreicht?«
Er kann sagen: »Ich habe nicht mitgemacht.«

Oskar und der Exorzismus

Und siehe, ein kleiner Mann mit Namen Oskar wurde von einem gewaltigen Geist ergriffen und ging umher und rief:
»Ein Solidaritätsbeitrag der Besserverdienenden wäre beste gewerkschaftliche und sozialdemokratische Tradition.«
Da das die frommen Priester des DGB hörten, entsetzten sie sich und sprachen:
»Ist dieser nicht vom Teufel besessen?«
Oskar aber lief weiter umher und rief:
»Arbeitszeitverkürzung ohne vollen Lohnausgleich!«
Da griffen ihn die frommen Priester und führten ihn vor den Oberpriester. Der saß wie seit ewigen Zeiten im Kreise seiner Pharisäer und Schriftgelehrten, und sie beteten ihr ewiges Gebet herunter:
»Kampf für den Arbeiter. Kampf gegen die Ausbeutung. Schuld sind ganz allein die Unternehmer und Kapitalisten.«
Kaum aber stand Oskar vor ihnen, legte er gleich wieder los und rief:
»Es ist ein Treppenwitz, bei Beamten mit Gehältern um die 15000 Mark von Lohnausgleich zu reden!«
Da fiel der Oberpriester des heiligen DGB fast vom Altar. Er hieß Breit – und sah genauso aus, wie man sich einen Exorzisten vorstellt: immer etwas griesgrämig.
»Das ist ein Dämon, der aus diesem Oskar spricht!« rief er eindringlich und beschwörend. »Fahre aus, du böser Geist, oh, fahre aus!«
Oskar aber stemmte die Hände in die Hüften und rief keck:
»Quassel nicht so breit. Es ist zu bequem, Forderungen zu erheben, die man nicht realisieren kann!«
Da ergrimmte der Oberpriester und erhob wieder die Stimme:

»Weiche von ihm, böser Geist!«
»Lineare Tarifpolitik ist das falsche Instrument. Die Gewerkschaft fördert die Umverteilung von unten nach oben!« rief Oskar wieder.
O wehe! Der Schweiß des Entsetzens trat auf die Stirn des Oberpriesters:
»Bindet ihn an sein Bett!« rief er. »Wir müssen den bösen Dämon austreiben und ihn weiter beschwören!«
Aber Oskar rief noch einmal: »Es wäre gut, wenn in den Entscheidungsgremien des DGB eine Mehrheit von Beziehern kleiner Löhne wäre!«
Da begann der Oberpriester zu zittern und zu schwitzen, die Spucke lief ihm aus seinen ohnehin herabhängenden Mundwinkeln – und wer es gesehen hat, der sprach zu sich:
»Ja, ja! Siehe, es ist offenbar geworden, wer da wirklich einen Dämon hat. Nämlich diesen hier: den Gedankenträgheits-Funktionärs-Dämon der ewigen Selbstgerechtigkeit!«

Gottesdienst mit vollem Lohnausgleich

Auf Anfrage des Bundes der Steuerzahler hat die Regierung von Oberfranken bestätigt:
»Jawohl, unsere Beamten dürfen täglich während der Dienstzeit einen Gottesdienst am Arbeitsplatz abhalten.«
Oberregierungsrat Rolf Frederking sieht darin einen Beitrag zum »seelischen Umweltschutz«.
»Ich glaube, wir sind im Mittelalter«, war Verenas Kommentar zu dieser Meldung.
Ich aber gebe folgendes zu bedenken: Gegen religiöse Rituale am Arbeitsplatz ist doch nun wirklich nichts einzuwenden. Nur müßte sich die oberfränkische Regierung daran erinnern, daß es nicht nur die katholische Kirche auf dieser Welt gibt.

Laut Grundgesetz und Menschenrechten hat jeder Mensch das Recht auf freie Wahl und Ausübung seiner Religion. Sollten also einige Mohammedaner im öffentlichen Dienst beschäftigt sein, steht ihnen natürlich das Recht zu, sich jeden Morgen gen Mekka zu verneigen und ihre Koranverse abzusingen.
Ich kenne einen Beamten, der von sich behauptet, ihm sei eines Tages im Heizungskeller der Gott Kalubra erschienen. Kalubra habe sich als sein ganz persönlicher Gott vorgestellt. Er habe ihm eine ewige Pension im Jenseits versprochen. Dafür müsse er ihm aber täglich zweimal aus Büroklammern eine zwei Meter lange Gebetskette basteln und sie an die Lampe hängen. Der Beamte wird auf seinem Recht bestehen, so daß er seinem Gott in Zukunft nicht mehr heimlich dienen muß.
Die Einwohnermeldeamt-Beamtin Erna Möller ist leidenschaftliche Anhängerin der Lehre vom weiblichen Gott – von der Frau Gott. Sie dürfte an den Andachten für einen Herrgott gar nicht teilnehmen. Aber natürlich steht ihr das Recht zu, am Arbeitsplatz die beiden Riesenbrüste aufzuhängen, die ihr Gottessymbol sind, um sie anzubeten!
Im übrigen habe ich sowieso den Eindruck, daß Andachten während des Dienstes längst überall üblich sind. Wer einmal in unserem Postamt gesehen hat, wie der Beamte von Schalter 6 ein Postwertzeichen aufklebt – diese unendlich langsame rituelle Bewegung und das anschließende andachtsvolle Abstempeln –, der wird direkt mit ergriffen! Arbeit kann man das jedenfalls nicht nennen.

Verdächtig unverdächtig!

Der Sicherheitsdienst vor Wut explodiert.
Sie haben den kleinen Herrn B. observiert.

Den kleinen Herrn B. mit der Samtcordjacke,
mit der Mütze und der speckigen Aktenmappe.
Und verdammt! Jetzt sieht sich die Sicherheit
vor dem schwierigsten Fall ihrer Tätigkeit:

Noch nie in der DDR gewesen.
Verbindungen nachweislich keine nach drüben.
Demonstrationen und alternativen
Protestmärschen konsequent ferngeblieben.
Keine Wahlplakate mit Farbe geschändet.
Volkszählungsbogen längst abgegeben.
Nicht mal für Greenpeace 'ne Mark gespendet!
Verdächtig unverdächtig!

Solange sie Feinde des Staates beschatten:
Das ist jetzt der härteste Fall, den sie hatten!
Wir haben noch jedem was nachgewiesen!
Soziale Gesinnung. Zehn Rubel Devisen.
Und dieser Herr B., der bildet sich ein . . .
Keine Anhaltspunkte? Da muß doch was sein!

Er kennt keinen, der einen kennt, der einen
kennt, der der DKP angehört.
Er weiß nicht, was Pazifismus bedeutet.
Hat sich noch nie übers Wetter beschwert.
Liest außer Bild keine andere Zeitung.
Mitglied ausschließlich im Kegelvereine.
Kernkraftbefürworter aus Überzeugung.
Punkte in Flensburg: absolut keine!
Verdächtig unverdächtig!

Für jeden Agenten zum Haareausreißen!
»Wir könn' doch sonst jedem fast alles beweisen!«
Nur dieser Herr B., so bescheiden und ehrlich.

Da verbirgt sich doch was! Der Mann ist gefährlich.
Seine Akte, die füllt sich mit allen den Sachen,
die der Kerl sich erdreistet, gar nicht zu machen!

Er diskutiert nie im Stehn auf der Straße.
Er hat sich dem Aids-Test gern unterzogen.
Er fürchtet sich nicht vor der Strahlenbelastung.
Wenn er Ausländer sieht, macht er gleich einen Bogen.
Er trägt keinen Bart und ist sauber gekleidet.
Er führt seinen Schäferhund stets an der Leine.
Seine Fernsehgebühr hat er pünktlich entrichtet.
Kontakte zu grünen Naturschützern: keine!
Verdächtig unverdächtig!

Ja, die Sicherheit ist total irritiert:
Sie haben den kleinen Herrn B. observiert.
Und die Sicherheit tobt. Und die Sicherheit warnt:
Staatsfeind Nummer eins – unverdächtig getarnt.
Wir müssen sein ruchloses Treiben beenden:
VERDACHT AUF VERDUNKLUNG VON
VERDACHTSMOMENTEN!
Verdächtig unverdächtig!

Kapitel 3

Mein Rat, Soldat: Tritt gar nicht erst an!

Eine ganz schlichte Geschichte

Neulich brauchte ich mal einen Briefumschlag, um in der fremden Stadt einen Brief abschicken zu können. Rein ins Kaufhaus – und zehn Briefumschläge gekauft. Einen einzelnen verkaufen sie dir ja nicht. Oder wie ist es Alfred ergangen in der Autowerkstatt? Eine Zündkerze auswechseln! Zündkerze: 3,60 Mark. Auswechseln: 18 Mark.

Aber ich will jetzt eine schöne Geschichte erzählen. Die habe ich selbst miterlebt. Und erwarten Sie bitte keine Pointe.

Kommt ein Kunde in den Eisenwarenladen. Also, das ist so ein Laden, wie es ihn eigentlich gar nicht mehr gibt. »Eisenkrämer« hat früher mein Vater dazu gesagt. Der Laden liegt in der Ladenzeile vom großen Klinkerblock, direkt neben dem Laden vom Gemüsemann.

In diesen Eisenwarenladen kommt also ein Kunde und trägt einen alten Staubsauger unterm Arm.

Die Ladenglocke bimmelt. Von hinten, hinter den Regalen, kommt der Ladeninhaber herbei. Auch schon ein älterer Herr. Im sauberen grauen Kittel.

Der Kunde legt den Staubsauger auf den Tisch.

»Mir fehlt da 'ne kleine Schraube . . . an der Wicklung am Anker . . . also da drinnen . . . Messing, glaube ich. Aber so 'ne ganz kleine . . .«

Der Ladeninhaber holt seinen Werkzeugkasten. Und nun geht's los. Gemeinsam schrauben der Kunde und der Eisenkrämer (wie mein Vater sagt) den Staubsauger auf. Schließlich sind sie am Motor. Dann holt der Eisenkrämer aus seinem Apothekerschrank mit den vielen Schubladen eine Schraube nach der anderen herbei. Da, endlich – nach knapp einer Viertelstunde: Die letzte Schraube paßt!

»Wunderbar!« sagt der Kunde. Und sie montieren den Staubsauger geduldig wieder zusammen.

»Danke schön«, sagt der Kunde. »Was bin ich schuldig?«
»Ach, die kleine Schraube – na, sagen wir mal: drei Pfennige.«
Der Kunde kriegt sein Portemonnaie raus.
»Oh, tut mir leid. Ich hab' nur 'nen Hundertmarkschein.«
»Macht ja nichts, das kriegen wir schon.« Und geduldig zählt der Eisenkrämer neunundneunzig Mark und siebenundneunzig Pfennig auf den Tresen.
»Vielen Dank. Wiedersehen.«
Und die Ladenglocke bimmelt.

Der Herr Beschwichtigungsminister

... und dann gab es da auch die wundersame Sache mit diesem Umweltminister – daß keiner so recht wußte, wessen Interessen er eigentlich vertrat.
Eines Morgens sagte Verena beim Zeitunglesen:
»Sag mal – ein Umweltminister – ist der nun eigentlich für oder gegen die Umwelt?«
»Worauf möchtest du bitte hinaus?«
»Töpfer hat jetzt verboten – hast du gehört? Verboten! –, daß die Sicherheit des Schnellen Brüters in Kalkar noch einmal überprüft wird, nachdem es durch den Tschernobyl-Unfall neue Kriterien gibt. Das ist nicht nötig, sagt Töpfer. Man kann die Sicherheit und die Sorge für Umwelt und Menschen auch übertreiben, sagt er. Als Umweltminister! Das begreife ich nicht. Der müßte doch für seine Umwelt im Gegenteil immer noch viel mehr Maßnahmen fordern, als möglich sind! So, wie zum Beispiel ein Verkehrsminister immer noch 'ne Autobahn und noch 'ne Autobahn fordert!«
»Vielleicht hat er nur einen falschen Titel«, sage ich. »Der müßte eben ›Bundesbeschwichtigungsminister‹ heißen oder ›Bundesinteressenausgleichsminister‹!«

Da überlegt Verena einen Augenblick und spricht dann die denkwürdigen Worte:
»Nee, weißt du – der Töpfer, der hat einfach das falsche Amt! Warum, oh Himmel!, machen sie den nicht zum Verteidigungsminister? Was für ein Segen wäre das! Dann würde er sich vors Parlament hinstellen und sagen:
›Ja, ist ja gut, meine Herren. Als Verteidigungsminister bin ich zwar für eine starke Bundeswehr – aber wir müssen doch nun wirklich auch einmal die Interessen der Gegenseite berücksichtigen. Die Russen haben doch auch ein Recht auf Sicherheit. So, wie wir uns von ihnen bedroht fühlen, fühlen sie sich von uns bedroht. Zum Frieden gehört es doch auch, den Gegner zu verstehen. Darum schlage ich vor: keine weiteren Rüstungskosten. Beginnen doch zur Abwechslung einmal wir mit Abrüstungsschritten. Ausgleich der Interessen, meine Herren. Verständnis für die Gegenseite, meine Herren!‹«
Toller Vorschlag, finde ich:
Töpfer for Verteidigungsminister.

Blut und Rache in der Morgenstunde

Morgens um sechs Uhr – der Radiowecker – reißen mich Worte des Hasses aus dem Traum:
». . . daß sie mögen ausgerottet werden, oh Herr. Ihre Städte müssen dem Erdboden gleichgemacht werden, daß . . .«
Was ist los? denke ich noch schlaftrunken. Ist Krieg ausgebrochen?
»Die Götter der Heiden müssen verbrannt werden vor deinem Angesicht«, höre ich. Wie bitte? Was? – »Der Mund der Heiligen soll Gott erheben/ und sie sollen scharfe Schwerter/ in ihren Händen tragen . . .«
Jetzt bin ich wach!

Das muß von Khomeini kommen! Oh, verdammt, jetzt haben die den Sender besetzt, diese irrsinnigen Religionsfanatiker. Tragen die jetzt den Heiligen Krieg zu uns? Ich hab' nicht mehr alles wörtlich behalten – aber so etwa ging es weiter:

»... daß sie Rache üben unter den Heiden/
... denn alle Götter der Völker sind Götzen/
aber der Herr hat den Himmel gemacht ...«

Typisch! Sie sind die einzigen, die den allein wahren Gott auf ihrer Seite haben. Wer das nicht glaubt, ist ein Heide. Und wird umgebracht!

Ich springe aus dem Bett. Da macht es plötzlich piep. Dann kommt die Nachrichtenankündigungsmusik.

Uff! Das waren gar nicht die khomeinischen Glaubensfanatiker. Das war bloß die Morgenandacht. Die hatten doch diese Woche den Psalter dran. Hat sich der Geistliche im Rundfunk so ausgedacht. Zuerst lobt er immer den Herrn – und dann kommt eine Stimme, die liest einen Psalm. Haben sie wohl heute einen besonders blutrünstigen zu fassen gekriegt.

Aber 'n bißchen Sorge mache ich mir doch. Ob der Sender da nicht mal Schwierigkeiten kriegen kann? Ist doch schon bald jugendgefährdend, Gewaltverherrlichung:

»Seine Kinder müssen Waisen werden und sein Weib eine Witwe! Seine Nachkommen müssen ausgerottet werden und so weiter ...«

Aber na ja – ischa christlich gemeint. Denn ist das wohl was anderes.

Fairneß und Charakter

»Was, habe ich dir gesagt, Junge, sollst du lernen beim Fußballspiel?« fragte der Vater seinen Sohn. Sie kamen gerade

aus dem Fußballstadion vom Spiel HSV gegen Leverkusen.
»Fairneß und Charakter, Papa.«
»Worauf kommt es bei der Fairneß an, mein Junge?«
»Daß man – äh –, daß ich einen Elfmeter kriege, Papa.«
»Und was ist dazu nötig?«
»Daß mein Gegner . . . daß ich . . . äh . . .«
»Daß du dich im richtigen Augenblick im Strafraum hinfallen läßt! Aber so geschickt, mein Junge, daß der Schiedsrichter einfach pfeifen muß. Dein Gegner sieht sich ganz besonders vor, dir im Strafraum ein Bein zu stellen oder dergleichen. Der Schiedsrichter paßt auf wie ein Luchs, weil er weiß, daß du ihn täuschen willst. Der Gegner hütet sich, was falsch zu machen – und trotzdem mußt du als Stürmer hinfallen und vor Schmerz aufschreien, und die Zuschauer müssen rufen: Elfmeter! Elfmeter! Das ist die hohe Kunst der Fairneß! Und das mußt du im Training üben und üben. Geschickt hinfallen lassen, das ist alles! Hast du verstanden!«
»Ja, Papa!«
»Und was ist Charakter?«
»Charakter, Papa, ist, wenn der andere Spieler . . . wenn der . . . also . . . was ist Charakter, Papa?«
»Charakter ist, wenn der andere Spieler, der gar nichts getan hat und trotzdem die gelbe Karte kriegt, wenn dieser andere Spieler dem, der ihn reingelegt hat, nicht sofort gegen das Schienbein tritt, sondern Charakter beweist und sich beherrscht. Damit er einem Gegner ein paar Minuten später desto kräftiger gegen das Schienbein treten kann – aber auch wieder so, daß dabei die Regeln der Fairneß berücksichtigt werden! Denn, du mußt immer bedenken, mein Sohn: ob man recht hat, ist nicht so wichtig. Im Leben kommt es darauf an, Recht zu kriegen!«
Dieser Sohn ist zu beneiden. Nicht jeder Vater versteht es, seine Kinder so klug auf das wahre Leben vorzubereiten.

Die Puppenfiguren der Nation

(Hermann und Hermine, das Rentnerehepaar, sitzen auf dem Sofa und sehen die Dinge mal wieder so, wie sie wirklich sind.)

Hermine: Dieser Herr Köpcke, also der aus der Tagesschau, der jetzt pensioniert ist – den hat jetzt eine Werbefirma für viel Geld noch mal nachgebaut, als Puppe, verstehst du.

Hermann: So. Und was soll das?

Hermine: Weil er selber nicht immer Zeit hat. Da läuft hinten ein Tonband – und vorne spricht denn Herr Köpcke neueste Nachrichten über Herrenunterwäsche oder was weiß ich. Aber das Tollste: Die Puppe ist haargenau so getroffen, daß man es nicht unterscheiden kann.

Hermann: Hm. Na ja, der hatte ja auch sowieso immer so'n steifes Gesicht.

Hermine: Ja, ja. Darum hab' ich schon gedacht . . . aber das ist wohl Unsinn . . .

Hermann: Na, was denn, Hermine?

Hermine: Vielleicht, daß wir jahrelang vielen Politikern und Fernsehstars Unrecht getan haben. Wir haben so oft gesagt: ›Der sagt ja immer dasselbe‹ oder: ›Sieht aus, als wenn er gar nicht richtig lebt‹ – und in Wirklichkeit war das immer nur seine Puppe. Politiker haben doch auch nie Zeit. Und wenn sie das schon mit dem Herrn Köpcke machen!

Hermann: Denn sag doch mal ein Beispiel.

Hermine: Na ja – als erstes fällt mir natürlich der Kanzler ein. Alle machen sich immer lustig über ihn, weil er immer dasselbe sagt und immer seine Sternenaugen rauf- und runterklappt – aber vielleicht ist er das gar nicht. Sondern nur seine Puppe.

Hermann: Ja, das wäre 'ne Erklärung.

Hermine: Oder neulich – dieser Herr Staisch aus dem NDR. Pro und Contra. Der ist doch eigentlich in Washington. Wie

ich ihn gesehen hab', hab' ich gleich gedacht: So sieht doch kein echter Mensch aus. Allein schon die Augen – so tot wie aus Glas. Aber das ist nur seine Puppe.
Hermann: Und Anneliese Rothenberger?
Hermine: Richtig! Da ist doch auch kein Leben im Gesicht. Das ist sie gar nicht. Also, wenn man darüber nachdenkt, da fallen einem ganz viele ein!
Hermann: Manchmal, wenn ein großer Staatsmann gestorben ist, denn wollen sie das noch 'ne Zeitlang nicht zugeben. Und dann könnten sie ja einfach 'ne Puppe bauen. Weißt du – der Strauß zum Beispiel, der kommt mir in letzter Zeit auch so merkwürdig müde und leblos vor. Da müssen wir jetzt mal ganz genau hingucken . . .!

Heldentod für die Abrüstung

»Unser neuer Verteidigungsminister Rupert Scholz! Großartig, der Mann!« sagte mein seltsamer Bekannter, Herr Z., auf unserem Sonntagsspaziergang. »Endlich einer, der ernst macht mit der Abrüstung!«
»Aber – habe ich nicht gerade gelesen, er will auf jeden Fall die atomare Abschreckung erhalten? Und die Russen sollen jetzt erst mal ihre Panzer verschrotten, damit der Westen in Ruhe seine Kurzstreckenwaffen modernisieren kann.«
»Was Politiker sagen, ist das eine, mein Lieber. An ihren Taten sollen wir sie erkennen. Sagen Sie doch selbst: Wer hat die ersten zehn Jagdbomber verschrottet? Der Osten oder der Westen?«
»Jagdbomber? Ich weiß nur, daß zehn F 16 abgestürzt sind. Die letzten drei erst in der vergangenen Woche. Bei Karlsruhe.«
»Na und? Merken Sie denn nichts?« Er zog mich hinter ein Gebüsch. »Verteidigungsminister Rupert Scholz animiert

die Amerikaner doch zu dieser Art Abrüsten. ›Es muß unbedingt weitertrainiert werden!‹, hat er gesagt. Ohne Tiefflüge geht es auf gar keinen Fall. Na, und das sieht doch jeder: Genau das ist die beste Methode, die Dinger zu vernichten.«

»Ja! Wenn man bedenkt, daß die Luftkämpfe auf engstem Luftraum stattfinden. Zwei Stunden nach den Abstürzen sind schon die nächsten drübergedonnert.«

»Gleichzeitig löst man so das Problem der Rüstungsindustrie. Würde man offiziell abrüsten, könnte man schlecht neue Aufträge erteilen. So aber: einerseits verschrotten, andererseits Arbeitsplatzerhaltung in der Rüstungsindustrie!«

»Und die beiden Bundeswehrmaschinen jetzt in Bordeaux und bei Mittenwald – gehört das auch zum Abrüstungsprogramm?«

»Na, sehen Sie: Sie merken schon was!«

»Ja gut. Aber – die Piloten, die Soldaten, die dabei ums Leben kommen.«

»Traurig. Das ist wahr. Aber – kann es einen schöneren Heldentod geben als den Heldentod für die Abrüstung?«

Entscheidender Schlag gegen den Terrorismus

In der Terroristenbekämpfung hat der Staat ganz entscheidende Fortschritte gemacht. Dies läßt sich am besten aus dem Protokoll eines Terroristenanrufs im Justizministerium ablesen. Der Anruf erfolgte zwischen Weihnachten und Neujahr.

»Hier spricht die RAF. Wir sind im Besitz von Plutonium.«

»Ja, ich höre.«

»Plutonium! Haben Sie verstanden? Unsere Forderung:

Sämtliche Stammheimer Häftlinge sind auf freien Fuß zu setzen und nach Libyen zu fliegen. Sie haben vierundzwanzig Stunden Zeit, unsere Bedingungen zu akzeptieren.«

»Halt, Augenblick: Ich verstehe Ihre Drohung noch nicht! Warum sollen wir die Gefangenen freilassen?«

»Sagen Sie mal, haben Sie Hörprobleme? Ich sagte: Wir haben Plutonium!«

»Ja, das habe ich gehört. Und?«

»Scheiße! Seid ihr Marionetten im Justizministerium so total bescheuert, daß ihr null Ahnung habt, was Plutonium ist, Mann? Uns fehlt nur noch eine geringe Menge für eine eigene Atombombe! Schon mal was von Atombombe gehört, du Arsch? Aber auch ohne Bombe könnt ihr euren Laden dichtmachen; ihr seid weg vom Fenster. Plutonium ist das giftigste Zeug der Welt. Zwei Gramm reichen für die ganze beschissene Bundesrepublik!«

»Aha, Sie haben also zwei Gramm Plutonium. Ich verstehe trotzdem nicht . . .«

»Hör mal, du Kacker! Zwölf Jahre haben wir gebraucht, um an das Zeug zu kommen. Langer Weg durch die Institutionen. Verstehst du? Einer von uns hat sich raufgearbeitet bis ins Labor von Hamm-Uentrop. Zwei sind als Sicherheitsingenieure eingestellt worden. Wir haben fast täglich Nullkommanullnullsieben Milligramm U 235 rausgebracht. Drei von uns sind dabei draufgegangen. Strahlenschäden. Aber jetzt sind wir am Ziel, du Würstchen. Wir haben eigenes Plutonium. Der Staat hat verschissen! Unsere Bedingungen, du reaktionäre Marionette . . .«

»Ja, ja – die kenn' ich doch schon. Aber hören Sie mal – Sie waren wohl zu lange im Untergrund. Zwei Gramm Plutonium – die kann sich doch heute jeder besorgen. Die liegen doch überall rum.«

Ende des Protokolls. Von einem neuen Anruf ist nichts bekannt.

Die abnehmende Zunahme

»Liebling, was grübelst du denn die ganze Nacht?«

»Ach, die neuen Arbeitslosenzahlen sind da. Als Sprecher der Bundesanstalt muß ich sie morgen den Journalisten erläutern!«

»Na und?«

»Na und! Die Regierung erwartet von mir, daß ich sie positiv darstelle. Aber wie?«

»Hat sie denn abgenommen oder zugenommen, die Arbeitslosigkeit?«

»Zugenommen! Zugenommen!«

»Tja – dann sag das doch . . .«

»Nein, das darf ich nicht sagen. Ich muß irgendeinen Dreh finden, das Ganze in ein schöneres Licht zu tauchen. Paß mal auf: Die Zunahme der Arbeitslosigkeitszunahme hat erfreulicherweise abgenommen . . .«

»Wie bitte? Sie hat also doch abgenommen?«

»Nein! Nein! Die Arbeitslosigkeit hat zugenommen. Aber sie hat weniger zugenommen, als wir erwarten mußten. Insofern hat also die Zunahme abgenommen.

Oh ja, jetzt hab' ich's! Ich könnte sagen: Erfreulicherweise hat die Abnahme der saisonbedingten Zunahme der Arbeitslosigkeitszunahme zugenommen. So daß man sagen darf, wenn es der Regierung weiterhin gelingt, ein Abnehmen der Zunahme der Arbeitslosigkeitszunahme herbeizuführen, wird der Punkt bald erreicht sein, an welchem die Abnahme der zunehmenden Arbeitslosigkeitszunahme so sehr zugenommen hat, daß die Arbeitslosigkeitszunahme überhaupt nicht mehr zunimmt. So daß wir hoffen dürfen, eine saisonbedingte Zunahme der Arbeitslosigkeitsabnahme erreichen zu können.«

»Ich begreife überhaupt nichts mehr.«

»Prima. Großartig. Dann können wir's so lassen.«

Die Ladendiebin

Häusliche Szene bei Hermann und Hermine, dem Rentnerehepaar. Hermine kommt aufgeregt nach Hause:

Hermine: Eine Ungerechtigkeit ist das! Und das in meinem Alter. Mir einfach nicht zu glauben!

Hermann: (hinter der Zeitung) Was ist denn?

Hermine: Ich soll eine Ladendiebin sein! 50 Mark Unkostenerstattung wollen die haben. Und ich muß mit einer Anzeige rechnen. Wegen Ladendiebstahls.

Hermann: Du hast was geklaut, Hermine?

Hermine: Eben nicht! Ich hab' noch nie etwas gestohlen. Es war ein Versehen. Aber sie glauben mir nicht. Wenn ich etwas stehlen will, dann steck' ich es doch nicht vor allen Leuten in meine Einkaufstasche!

Hermann: Du hast was in deine Tasche gesteckt?

Hermine: Immer auf die Kleinen! Da passen sie auf wie die Luchse. Selber ändern sie das Verfallsdatum auf ihren Gemüsedosen, handeln mit Nudeln aus angebrüteten Eiern, verkaufen einem Matjes mit Würmern drin – und das geht jahrelang gut. Aber wehe, du bist mal zerstreut als kleiner Kunde und steckst aus Versehen was ein – dann sind sie aber da: Machen Sie mal bitte die Tasche auf! Und das vor allen Leuten!

Hermann: Hast du das zum ersten Mal gemacht? Oder machst du das öfter?

Hermine: Jetzt fang du auch noch an, so zu fragen wie die! Wegen deiner Batterien ist das doch bloß passiert!

Hermann: Meine Batterien – wieso?

Hermine: Ich hatte die doch schon in der Drogerie gekauft. Und dann in der Stadt im Kaufhaus seh' ich plötzlich dieselben – bloß billiger. Da wollte ich sie vergleichen – und hab' die bezahlten aus der Tasche genommen. Aber beim Reinstecken hab' ich die anderen aus Versehen auch mit reingetan – und sofort stand der Detektiv neben mir.

Hermann: Meine Batterien! Die brauchst du doch nicht zu klaun. Die bezahl' ich dir doch.
Hermine: Ich hab' sie nicht gestohlen! Wenn du mir auch nicht glaubst – dann – oh, Hermann, ich hasse dich!
Hermann: Ja, ist ja gut. Ich glaub' dir ja. Es war also ein Versehen. Und wo sind sie nun?
Hermine: Hier. Das sind die Batterien aus der Drogerie.
Hermann: Und die du geklaut hast? Wo sind die?
(Hermine schließt sich im Klo ein und weint.)

Über das Zölibat

Haben Sie jemals in Ihrem Leben ein Telefonat geführt mit einer Mutter, die ein acht Monate altes Baby hat?
Eigentlich sollte an dieser Stelle ein Artikel stehen über den Papst und das Zölibat. Ich hatte schon eine tolle Idee. Nur: Ich brauchte dazu noch einen Zeitungsartikel, den ich mir ausgeschnitten hatte. Er liegt dummerweise zu Hause auf meinem Schreibtisch. Und ich bin im Hotel auf Reisen. Also rief ich Verena an – die Mutter unserer acht Monate alten Tochter.
»Ja bitte . . . hier . . .«
Knack. Verbindung unterbrochen. Ich wählte noch einmal und rief gleich in die Muschel:
»Verena! Hallo! Ich bin es. Hans!«
»Ja entschuldige bitte. Hannah hatte den Apparat heruntergerissen . . . Hannah! Neinnn! Augenblick mal . . .«
Im Hintergrund fröhliches Kindergekreische. Dann wieder die Mutter:
»Sie hätte fast den ganzen Blumentopf umgestoßen. Jetzt steht sie am Papierkorb. Vorsichtig! Hannah! Festhalten! – Sie krabbelt jetzt auch schon rückwärts. Das hättest du sehen sollen!«

»Entschuldige, Verena, ich rufe an wegen des Zölibats. Der Papst ist in den USA, und ich brauche unbedingt . . .«
»Hannah! Nein! Bäbä! Pfui! Nein, Hannah – Augenblick, ich lege den Hörer noch mal hin.«
Rascheln. Babababababa. Babylachen. Der Hörer wird wieder aufgenommen:
»Fast hätte sie eine Büroklammer verschluckt. Sie nimmt aber auch alles und alles in den Mund. Jetzt krabbelt sie auf die Schublade zu . . .!«
»Ich brauche den Zeitungsartikel über das Zölibat und die Proteste der Frauen in den USA!«
»Nicht an den Videorecorder, Hannah! Nein, nein, nein! Was ist mit dem Zölibat?«
»Ob du mir den Artikel vorlesen kannst, der liegt . . .«
Ein merkwürdiger Bums. Dann Stille.
»Verena! Verena! Hallo!«
Nichts. Dann ein markerschütterndes Brüllen. Ein ersticktes Luftholen und wieder Brüllen!
»Hat Mama nicht gesagt: vorsichtig sein? Jetzt haben wir die Schublade aufgerissen und sind mit der ganzen Schublade nach hinten gefallen – und alle, alle Sachen liegen auf dem Fußboden. Entschuldige bitte, was wolltest du noch?«
»Das Zölibat. Der Artikel . . .!«
»Ist ja gut, Hannahlein, eiei. Wird ja alles wieder gut. Zölibat? Zölibat, das ist doch, daß die Priester nicht heiraten dürfen. Wußtest du das nicht? Augenblick mal, ich leg' noch mal den Hörer hin!« Dann in der Ferne: »Hannah, nicht wieder an die Schublade!«
Der Hörer wird wieder aufgenommen: »Entschuldige, aber es ist zu süß. Sie kann jetzt schon selber die Erdnüsse vom Tisch holen. Toll, nicht?«
»Ja, fabelhaft!«
»O Gott, jetzt greift sie wieder nach . . . Ach bitte, ruf doch einfach später noch mal an!«

Ja, manchmal kommt man auf seltsame Vorstellungen und denkt: Was das Zölibat betrifft – irgendwie hat es ja auch seine Vorteile.

»Soldaten sind potentielle Mörder«

»Oha! Unser Verteidigungsminister ist jetzt aber sehr wütend«, sagte ich zu meinem seltsamen Bekannten, Herrn Z., auf unserem Sonntagsspaziergang. »Die 14. Strafkammer des Frankfurter Landgerichts hat einem Kriegsdienstverweigerer das Recht zugesprochen zu sagen: ›Soldaten sind potentielle Mörder.‹«
»Das kann ich verstehen«, sagte Herr Z.
»Natürlich!« rief ich. »Schließlich ist das Handwerk des Soldaten das Töten. Das Umbringen von Menschen im Kriegsfall ist seine Pflicht, und zwar – ganz gleich, auf welcher Seite und für welches Vaterland er kämpft.«
»Nein – ich kann verstehen, daß der Minister wütend ist«, sagte Herr Z., »und ich finde auch, daß er recht hat.«
»Aber wieso? Soldaten sind potentielle Mörder – diese Definition ist doch gut überlegt. Das heißt ja nicht: Sie sind Mörder – sondern: Sie können zu Mördern werden. Wenn sie sich nämlich von den Mächtigen mißbrauchen lassen. Im Namen der großen Heilslehre, im Namen des sogenannten Freien Westens, im Namen des lieben Gottes oder in wessen Namen auch immer.«
»Ja schon – aber Sie lassen mich nicht ausreden«, sagte Herr Z. »Der Herr Minister sieht in der Bezeichnung Mörder wahrscheinlich eine ungerechtfertigte Abwertung des Soldaten. Jedem Mörder wird vom Gericht ein eigener Wille, eine eigene Entscheidungsfähigkeit und ein persönliches Motiv unterstellt. Soweit will es der Minister aber auf keinen Fall kommen lassen. Der Soldat darf doch keinen eigenen

Willen haben, nach dem er sich richtet. Der Soldat hat zu gehorchen! Er muß töten oder nicht töten, ganz gleich, ob er selbst ein Motiv hat oder nicht. Insofern steht der Soldat weit unter der Stufe eines Mörders – der wenigstens für sich selber mordet.«

»Der Minister findet es aber unerträglich, daß seine Soldaten gleichgestellt werden mit kriminellen Verbrechern.«

»Natürlich. Dieses Recht muß den verantwortlichen Politikern und Militärs vorbehalten bleiben. Sie handeln im Unterschied zum Soldaten im vollen Bewußtsein und aus persönlichen Motiven. Sie planen bei ihren strategischen Atomkriegsspielen vorsätzlich den Tod Millionen unschuldiger Menschen. Wenn man nun schon einen einfachen Soldaten ›potentiellen Mörder‹ nennen darf – was bleibt denn dann noch für den Minister übrig?

Nein, dieser Titel muß den Verantwortlichen vorbehalten werden. Ich würde es sogar gerecht finden, wenn man ihnen den Titel ›potentielle Massenmörder‹ zuerkennen würde.«

Auf die Rübe, auf die Birne!

Es ist schon ein Kreuz, wenn man bei bestimmten Dingen so seine Zwangsvorstellungen hat, seine Assoziationen. Mir passiert das zum Beispiel immer, wenn ich so ein Holzkasperlspiel sehe. Wissen Sie – so eins für kleine Kinder – wo zum Beispiel der Räuber und der Seppl sich mit hocherhobener Klatsche gegenübersitzen – und unten ist so ein Hebel dran? Also so:

Wenn man nun den Hebel nach rechts bewegt, dann macht es klatsch! Der Seppl haut dem Räuber auf die Birne. Jetzt bleibt nichts anderes übrig – man muß den Hebel wieder nach links bewegen. Und infolge der Mechanik – macht es wieder klatsch! Jetzt haut der Räuber dem Seppl auf die Rübe.
Und was kommt jetzt? Es ist eine vertrackte Situation: Jetzt muß der Hebel wieder nach rechts bewegt werden. Der Räuber kann nicht weglaufen. Er sitzt ja mit dem Seppl auf derselben Leiste fest. Also schreit jetzt der Seppl: »Du dummer, unfähiger Kerl! Du hast ja nicht mal einen Kanzler-Bonus!« Und patsch! Er haut ihm auf die Birne.
Oha! Das kann Birne sich aber nicht gefallen lassen. »Das ist ja unerträglich!« ruft er. »Ich werde dir zeigen, meine Autorität zu untergraben!« Der Hebel geht wieder nach links. Und jetzt wieder der Seppl? Was bleibt ihm anderes übrig: Er sitzt ja mit seiner Rübe auf demselben Holz wie der da drüben mit der Birne. Es ist so tragisch, so furchtbar. Sie können nicht lassen voneinander. Nur zusammen sind sie ein Kasperletheater. Jeder für sich wäre eine tote Figur. Und so sitzen sie sich gegenüber: in Feindschaft vereint. Mit hocherhobener Klatsche.
Nun fürchte ich fast, diese meine Assoziation könnte in die bundesdeutsche Geschichte eingehen. Aber – ich bitte Sie, lieber Leser – was haben meine Zwangsvorstellungen damit zu tun, wie diese deutsche Männerfreundschaft der Nachwelt erhalten bleibt? Es ist doch wirklich nicht meine Absicht, die höchsten Politiker in unserem Staat mit einem Kasperletheater für kleine Kinder zu vergleichen!

Grinsen für Deutschland

Als der Fernsehjournalist dem Minister so richtig hart zusetzte: »Meinen Sie nicht, daß ein Hauptgrund für die großen Verluste der CDU auch in Ihrer Person zu suchen ist, Herr Minister?« – da verzog sich der Mund des Ministers wie immer zu dem wohlbekannten frostigen Politiker-Lächeln.

»Mein Gott«, sagte Verena, »warum lächelt der noch? Das tut einem ja richtig in der Seele weh!«

». . . und Ihre Steuerreform hat ebenfalls ein sehr negatives Echo bei den Wählern gefunden, das dürfte auf das Wahlergebnis auch durchgeschlagen sein!« schlug der Reporter dem Bundesfinanzminister direkt in die Magengrube.

Der aber – lächelte.

Seine Zähne bleckten, die Lachfältchen an den Augen gerieten in krampfhafte Verspannung.

»Der arme Mann!« sagte Verena. »Jetzt könnte er doch mal wenigstens niedergeschlagen dreinblicken. Selbst wenn er heulen würde – das würde jeder verstehen. Darf so ein Mensch sich nie so geben, wie ihm zumute ist? Da habe ich ja schon bald wieder Mitleid!«

»Vielleicht gibt es einen Punkt«, sagte ich, »wo das Lächeln aus dem Gesicht nicht wieder verschwindet. Wenn man als Politiker zum Beispiel sagen muß: ›Die radioaktive Strahlenbelastung liegt weit unterhalb der Grenzwerte‹ – und dazu lächelt, als wenn man Geburtstagsgrüße überbringt – oder wenn man sagen muß: ›Die Milliarden-Ausgaben für den neuen Jagdbomber . . .‹ – lächeln, lächeln! – ›sind eine sinnvolle Ausgabe für den Frieden!‹ – lächeln, lächeln! –, dann grinst man zum Schluß auch bei der Beerdigung seiner eigenen Mutter.

Apropos Mutter: Wenn ich als Kind eine Fratze geschnitten habe, hat meine Mutter immer gesagt: ›Paß auf, mein Junge: Wenn die Uhr schlägt, bleibt dein Gesicht so stehen.‹«

»Armer Minister!« sagte Verena. »Seine Stunde hat geschlagen. Und er muß immer weitergrinsen.«

Variationen auf Bettina Wegner

(für Hannah)

Neulich hab' ich Bettina Wegner im Flugzeug getroffen. Sie hat Flugangst. Darum haben wir uns betrunken an Bord. Sie hat von ihren Kindern erzählt, die nun schon groß sind. Und ich von meiner kleinen Hannah, die heute ein Jahr alt wird. Zur Erinnerung für unsere Leser – hier der berühmte Text von Bettina Wegner:

Sind so kleine Hände
kleine Finger dran.
Darf man nie drauf schlagen
Sie zerbrechen dann.

Sind so kleine Füße
mit so kleinen Zehn.
Darf man nie drauf treten
können sonst nicht mehr gehn.

Sind so kleine Ohren
scharf und ihr erlaubt:
darf man nie zerbrüllen
werden davon taub.

Sind so schöne Münder
sprechen alles aus.
Darf man nie verbieten
Kommt sonst nichts mehr raus.

Sind so klare Augen,
die noch alles sehn.
Darf man nie verbinden
Könn' sie nicht verstehn.

Sind so kleine Seelen
offen und ganz frei
darf man niemals quälen
gehn kaputt dabei.

Ist so'n kleines Rückgrat
sieht man fast noch nicht.
Darf man niemals beugen
weil es sonst zerbricht.

Grade klare Menschen
wärn ein hohes Ziel.
Leute ohne Rückgrat
haben wir schon zuviel.

Soweit also dein Text, Bettina. Meine Tochter – als Satiriker-Tochter – muß natürlich anders besungen werden. Ich hab' dein Lied darum ein bißchen geändert:

Sind so kleine Hände
reißen alles raus.
Ganze Bücherwände
räumen sie blitzschnell aus.

Sind so kleine Füße
aber höllisch flink
sind schon in der Küche
drehn das nächste Ding.

Sind so kleine Ohren.
Hören ungerührt:
Hannah, nicht die Vase.
Schon ist es passiert!

Ist so 'n kleines Mündchen
und kann soo laut schrein.
Mußt du immer fürchten:
stopft sich sonstwas rein.

Sind so klare Augen
blicken schon so schlau.
Denkst du jetzt schon manchmal
wird 'ne kluge Frau!

So 'ne kleine Seele
und hat soviel Kraft!
»Papa, Märchen 'zähle«
Mutter ist geschafft!

Ist so 'n kleines Rückgrat:
Kind fällt hin. Es kracht.
Stirbst du fast vor Schrecken
steht es auf und lacht.

Grade klare Menschen . . .
Was ist los? Sie schreit!
Ach, für große Worte
hab' ich keine Zeit!

Wichtiger als alles!

Um den tiefen Konflikt dieser Geschichte wirklich begreifen zu können, lieber Leser, müssen Sie erstens Bewohner einer Mietwohnung, zweitens berufstätig sein und drittens schon einmal, als Sie nach Hause kamen, eine vorgedruckte Karte an Ihrer Haustür vorgefunden haben, auf der folgendes stand:

Sehr geehrter Wohnungsinhaber, der Heizungsmonteur wird bei Ihnen am Mittwoch zwischen 13.00 und 16.00 Uhr den neuen Kalorinorma-Thermostat einbauen. Zu diesem Zeitpunkt haben Sie zu Hause zu sein, alle Möbel und Verkleidungen sind von der Heizung abzurücken.

Paul Teichert ist berufstätig und seine Frau auch. Nachdem er einen solchen Zettel an der Wohnungstür gefunden hatte, ging er am nächsten Tag zu seinem Chef:

»Chef, es tut mir leid. Ich kann morgen nicht kommen. Ich muß einen freien Tag nehmen.«

»Wie bitte? Sie wissen doch genau, daß Sie mich morgen vertreten sollen. Unser bester Kunde aus den USA kommt zu uns. Und ich bin verhindert.«

»Ich weiß, Chef. Aber mein Termin, ich schwöre Ihnen: Es geht einfach nicht anders.«

»Verdammt noch mal: Ich sorge dafür, daß Sie rausfliegen! Was kann es für einen Termin geben, der wichtiger ist als unser Kunde aus den USA?«

»Das kann ich Ihnen nicht sagen, Chef. Sie würden es mir doch nicht glauben.«

»Beerdigung? Hochzeit? Scheidung?«

»Nein, Chef, etwas wirklich Unaufschiebbares. Aber Chef, bitte: Könnten denn nicht Sie vielleicht Ihren Termin ausnahmsweise verschieben?«

»Ich? Sind Sie wahnsinnig? Mein Termin ist absolut unaufschiebbar! Aber Sie! Sagen Sie mir jetzt, verdammt noch

mal, um was es bei Ihnen geht.«
Teichert schluckte.
»Ich habe einen Zettel vom Heizungsmonteur an der Haustür gefunden. Die wollen den neuen Thermostat einbauen.«
Da fiel der Chef seinem Angestellten fast um den Hals.
»Mann, Teichert! Das versteh' ich natürlich. Ich lebe doch als Single, wie Sie wissen. Bei mir kommen morgen die Maler – die Außenfronten der Fenster zu malen.«
»O Gott, Chef! Und was machen wir nun?«
»Wir lassen das Amerika-Geschäft sausen. Wir haben schließlich beide einen Termin vom Handwerker unserer Hausverwaltung.«
Warum von den beiden niemand auf den einfachen Gedanken kam, den Hausverwalter um eine Terminverschiebung zu bitten? Aber lieber Leser! Einen Handwerkertermin verschieben! Wo gibt es denn so was?
Ne neue Stellung kriegt man vielleicht wieder. Aber einen Handwerkertermin umdisponieren – das glauben Sie doch selber nicht!

Am Teiche, wo die Raketen träumen

»Ein Glück, daß es Soldaten gibt!«
»Ja, und Panzer und Raketenabschußrampen. Und Munitionsdepots!«
»Wichtig sind auch die Minenleger!«
»Ach ja, wie schön, daß es das alles gibt. Und die getarnten Bunker. Und die unterirdischen Raketen, die keiner sehen darf. Ein Glück. Ein wahres Glück für uns.«
Dies gemütliche Gespräch führten an einem lauen Sommerabend ein Teichmolch und ein Mondhornkäfer miteinander. Sie saßen am Rande eines sumpfigen Teiches auf dem Trup-

penübungsplatz in der bayrischen Rhön. Kann aber auch sein, daß es in der Lüneburger Heide war – in der Nähe von Bergen. Der Mondhornkäfer war ein Professor. Er wußte über alles Bescheid.
»Die einzigen Flächen in der Bundesrepublik, wo unsereiner noch gedeihen kann, sind die Truppenübungsplätze. 400 000 Hektar sind militärisch abgezäunt. Da kommt kein Pflug hin, kein Mähdrescher, da wird nicht gedüngt, da fahren keine Autos, da trampeln keine Touristen herum. Nur die Soldaten und die Panzer – aber das ist längst nicht so schlimm. Motorengebrüll und Geschützdonner stören unsereinen ja nicht weiter. Ja, ja – die letzten Naturparadiese sind die Militärgelände. Hier gibt's noch den Roten Milan, hier wachsen Orchideen, wie der seltene Gelbe Fingerhut, Bekassinen brüten an den sumpfigen Teichen – und mich gibt's hier auch noch: den Mondhornkäfer!«
»Ich hörte aber neulich, wie ein Sperber, der herüberflog, erzählte, auch in den Naturschutzgebieten könnte man überleben«, meinte der Teichmolch.
»Ach, gehen Sie mir weg mit Naturschutzgebieten. Da wimmelt es von Naturfreunden, da fahren trotzdem noch die Autos, fotografierende Menschenherden ziehen umher! Nein, glauben Sie einem alten Professor: Was der Mensch in guter Absicht unternimmt, wird meist nur eine halbe Sache. Das einzige, worauf man sich verlassen kann, sind seine Kriegsgelüste. Dafür nimmt er es sogar in Kauf, die Natur zu schonen.«

Mein Vater war ein Deserteur

Mein Vater war ein Deserteur.
Er ist aus dem Krieg abgehaun.
Hat weggeworfen sein Gewehr.

Ich will nicht schießen und morden mehr.
Da haben sie ihn gefunden.
Gefoltert und gebunden.
Und totgeschlagen im Morgengraun.

Mein Vater war ein Deserteur.
Er hat gerettet die deutsche Ehr.
Und wenn sie wieder marschieren:
Ich werde auch desertieren.

Der General der Bundeswehr
hat sich aufgeregt wie ein Kind.
Ein Denkmal für einen Deserteur!
Ein Schlag ins Gesicht fürs Militär!
Das Vaterland verraten
und alle braven Soldaten,
die für den Führer gestorben sind.

Mein Vater war ein Deserteur.
Er hat gerettet die deutsche Ehr.
Und wenn sie wieder marschieren:
Ich werde auch desertieren.

Soldat, Soldat, Soldat von heut,
bist ja doch nur ein Hampelmann
der Mächtigen in dieser Zeit.
Marschierst umher im Narrenkleid.
Die Städte werden verrauchen.
Dich werden sie nicht dazu brauchen.
Mein Rat, Soldat: Tritt gar nicht erst an.

Mein Vater war ein Deserteur.
Er hat gerettet die deutsche Ehr.
Und wenn sie wieder marschieren:
Ich werde auch desertieren.

Kapitel 4

Erklären Sie mir doch bitte noch mal ganz genau: warum!

»Im Wald kann man sich gut verstecken«, sagte mein seltsamer Bekannter, Herr Z., auf unserem sonntäglichen Waldspaziergang.
»Ja, preisen Sie nur den Wald!« sagte ich. »Aber haben Sie diesen Irrsinn gelesen: Überall im Lande werden Waldbesitzer gezwungen, angepflanzte Wälder wieder abzuholzen!«
»Gerade für den Deutschen ist der Wald das Schönste, was er kennt«, sagte Herr Z.
»Reden Sie doch keinen Unsinn! Da hat zum Beispiel der Frankfurter Kaufmann Hans Jürgen Diehl eine Aufforderung vom Amt für Forsten und Naturschutz bekommen: Die tausend Fichten und Lärchen, die er auf seinem Grundstück am Vogelsberg vor zehn Jahren gesetzt hat, muß er in diesem Frühjahr beseitigen. Begründung: Die Neuanpflanzung ist eine Veränderung, die die Natur schädigt und das Landschaftsbild verunstaltet!«
»Ohne den geliebten Wald würde der Mensch sich schutzlos vorkommen.«
»Sagen Sie mal: Hören Sie mir eigentlich zu? Überall gehen die Behörden gegen Bürger vor, die sich auf Naturgrundstücken – wohlgemerkt: Naturgrundstücken! – Bäume angepflanzt haben.
In Hessen: Zweieinhalb Hektar Fichten in der Gemarkung Gundhelm müssen gerodet werden. Drei Jahre alte Bäume, kerngesund. Wegen ›Veränderung des Landschaftsbildes‹.
In Schleswig-Holstein: tausend Birken und Erlen auf einem Moorgrundstück. Das Verwaltungsgericht Schleswig: ›Die Bäume sind ohne Genehmigung gepflanzt worden. Sie beeinträchtigen das Landschaftsbild.‹ Dabei gibt's nichts Natürlicheres als Birken im Moor!«

»Im Wald kann man sich gut verstecken. Im Wald sind wir zu Hause«, sagte Herr Z.
»Jetzt habe ich aber bald genug von Ihrem Gerede! In einer Zeit des Waldsterbens wird jede vernünftige Initiative, neue Bäume anzupflanzen, erstickt. Wehe, es geschieht nicht streng nach Vorschrift. Da kann man doch verrückt werden, wenn man darüber nachdenkt . . .«
»Nichts ist dem Deutschen so heilig wie sein Wald.«
»Ach, hören Sie jetzt auf!«
»Sein Paragraphenwald, mein Lieber! Sein Paragraphenwald!«

Die Rehabilitation des Johannes Mario Simmel – und die tragischen Folgen

Jahrzehntelang haben sie die Nase über ihn gerümpft: Kolportage, Trivialliteratur – aber plötzlich haben sie ihm Absolution erteilt: Johannes Mario Simmel. Im Jahre 1987 geschah es. Da wurde Mario Simmel in den Rang eines richtigen Schriftstellers erhoben. Die Kritikerpäpste haben ihren Simmel entdeckt! Simmels Engagement für die Menschen und seine Darstellungen der verhängnisvollen Kräfte unserer Zeit – das müsse man einfach gelesen haben!
Sofort als ich diese neue Lehre aus der Fernsehliteratursendung und aus der Zeitung vernahm, war mir klar: Das gibt tragische Konflikte. Und richtig!
Gestern auf der Silberhochzeit von Emmi und Alfred setzte sich Tante Karla extra direkt gegenüber von Herrn Alexander Below. Der ist Lehrer und Künstler und schreibt selber Gedichte.
»Na, Herr Below? Erinnern Sie sich, wie Sie neulich noch gesagt haben: Wollen Sie nicht mal was Anständiges lesen, Frau Möller? Muß es denn immer der Simmel sein?«

»Aber Frau Möller. So habe ich es doch nicht gemeint. Mario Simmel ist selbstverständlich ein ernst zu nehmender Schriftsteller.«
»Ach, mit einem Mal? Was haben Sie denn gelesen von ihm?«
»Also – gelesen hab' ich bisher eigentlich nur . . .«
»Gar nichts haben Sie gelesen! Aber immer wollen Sie mitreden! Wahre Literatur ist schon immer verkannt worden, Herr Below! Und wahre Literaturfreunde auch. Jahrelang habe ich den Simmel gelesen – und Sie haben über mich gelächelt. Und jetzt: Geben Sie es doch zu, daß Sie nichts von Literatur verstehen!«
Da hat Herr Below einen Augenblick an sich gehalten. Dann hat er gesagt:
»Tut mir leid, Frau Möller. Damit, daß Sie den Simmel jahrelang konsumiert haben, haben Sie ihn ja noch lange nicht verstanden. Ich habe jetzt die ›Clowns‹ angefangen. Und ich lese mit literarischem Bewußtsein. Zur Literatur gehört nämlich der literarisch vollziehende Leser. Ohne ihn wird niemals Literatur daraus.«
»Ach, so ist das! Wenn ich den Simmel lese, ist es nur Schund. Aber wenn Sie ihn lesen! Dann ist es plötzlich Literatur?«
»Sie sagen es, Frau Möller.«
»Gestatten Sie, daß ich Ihnen mein Bierglas ins Gesicht schütte?«
Und Frau Möller hat es tatsächlich getan. Es war richtig wie auf einer großen Diskussion zwischen echten Literaturfreunden.

Künstlerschicksal

Im Garten beim Bier saßen die beiden Männer und schwärmten von alten Zeiten.

»Künstlerische Handarbeit wird nicht mehr geachtet«, sagte der Jüngere.
Der Ältere mit dem weißen Haar und den tiefen Falten im Gesicht stimmte zu:
»›Meister‹ haben sie mich mal genannt. Guck dir meine Hände an.«
Er zeigte dem Jüngeren seine Hände. Feingliedrige Finger! Wahrhaftig, das waren Künstlerhände!
»Und ich hab' den präzisesten Beat von ganz Norddeutschland geschlagen«, sagte der Jüngere. »Wie ein Uhrwerk, und das Becken! Mein Sound war berühmt. Die Studios haben sich gerissen um mich. Mike, der Drummer! Alle großen Popstars haben mich zu ihren Plattenaufnahmen geholt! Und heute? Die wissen, glaube ich, gar nicht mehr, daß es Schlagzeuger gibt. Macht alles der Computer. Und verdammt: Der Computer ist noch präziser! Und alles im Original-Sound! Da kommst du nicht mehr gegen an mit der Hand!«
»Die Techik hat uns kaputtgemacht«, stimmt der Alte zu.

»Ich hab' meine Lithos noch mit der Nadel in die Stahlplatte graviert. Da mußt du spiegelverkehrt arbeiten. Den jungen Mann von Dürer hatte keiner so perfekt drauf wie ich. Oder den Fugger. Oder den Limburger Dom auf der Rückseite vom braunen Riesen. Alles freihändig und in Stahl.

Einmal hab' ich mir sogar einen Jux erlaubt. Hab' oben links in die Ecke geschrieben:
›Wer Banknoten nachmachen kann oder verfälschen oder nachgemachte oder verfälschte in den Verkehr bringen und es nicht tut, ist ein Weihnachtsmann.‹
Und keiner hat es gemerkt! Das Schriftbild war perfekt! Lesen tut es ja keiner.
Aber heute? Der Laser-Kopierer macht dir in fünf Sekunden eine Blüte – perfekter geht es wirklich nicht. Jeder kleine Gauner kann sich heute in fünf Sekunden einen Hunderter fälschen. Da fällt selbst das BKA drauf rein. Einfach auf den Knopf drücken – und fertig.«
»So ist es«, seufzte der Jüngere. »Und nach uns Künstlern fragt keiner mehr.«

Dummes Geschwätz

Hubert ist verstört. Bisher hat er sich immer ungezwungen mit den Dingen unterhalten.
Sagen wir mal, morgens, wenn er auf sein Fahrrad stieg, um zum Bäcker zu fahren. Dann begrüßte er sein Fahrrad: »Moin, Alkibiades! Schmeiß dich in die Kette! Der Tag beginnt!«
Natürlich konnte auch Alkibiades sprechen. Er antwortete zum Beispiel: »Meine Hinterrad-Arthritis wird von Tag zu Tag schlimmer, Hubert! Wie wär's mal mit einer kleinen Öl-Therapie!«
Auch mit seinem Auto konnte Hubert sich unterhalten. Als Huberts Wagen neulich einmal mitten in der Stadt anfing zu bocken, beschwor Hubert ihn: »Archimedes, mach doch keinen Quatsch. Ich bring' dich ja zum Arzt. Das habe ich versprochen. Aber laß mich doch nicht mitten in der Stadt im Stich!«

»Hunger!« antwortete Archimedes, das Auto.
»O Gott, tatsächlich. Kein Benzin mehr. Ich bitte dich, Archimedes: Preß dir den letzten Tropfen raus. Noch 500 Meter bis zur Tankstelle!«
Wie gesagt: Hubert und die Dinge waren gute Freunde. Seine Dialoge mit dem Gartenschlauch waren sexualpsychologisch überaus interessant. Huberts Gespräche mit dem verlegten Schlüsselbund hatten jene abgeklärte Weltsicht, wie sie nicht einmal Goethes Gespräche mit Eckermann erreichten.
Aber jetzt ist Hubert verstört.
Vor ein paar Tagen nämlich hat Hubert sich ein supermodernes japanisches Auto angesehen.

Hubert setzte sich hinein. Er drehte den Schlüssel um. Da fing das Auto an zu sprechen. Mit monotoner Stimme sagte es: »Leg bitte den Gurt an. Leg bitte den Gurt an. Die Handbremse ist noch nicht gelöst. Die Handbremse ich noch nicht gelöst.«
Hubert ist wie von der Tarantel gestochen aus dem Auto gesprungen.
»Das ist das Neueste«, lächelte stolz der Verkäufer. »Das sprechende Auto. Für ihre Sicherheit.«

»Entsetzlich!« rief Hubert.
»Daß das Auto spricht?«
»Nein, aber was es spricht! Dummes Geschwätz. Ich bin es gewohnt, mich auf höherem Niveau mit den Dingen zu unterhalten!«

Falsche Fälschung?

Neulich erzählt mir Alfred folgende Geschichte:
»Wenn du deinem Chef gegenübersitzt oder irgendeinem Menschen, den du nicht gern verärgern willst, dann darfst du niemals zu ihm sagen:
›Oh, ich bewundere Ihre Rolex-Uhr!‹
Vorausgesetzt natürlich, daß er eine trägt. Oder meinetwegen auch eine Cartier oder Gucci.
Mir ist es vor ein paar Tagen mit einem sehr wichtigen Mann aus der Chefetage so ergangen. Ich wollte nur nett sein. Wollte mich beliebt machen. Also sage ich – während wir uns im Restaurant gegenübersitzen und seine goldene Rolex sein Handgelenk umspielt –, sage ich also ganz ehrlich und naiv:
›Oh, ich bewundere Ihre Rolex!‹
Statt daß der Mann nun ›danke‹ sagt oder so was, ist er plötzlich leicht verstimmt und fragt pikiert:
›Was wollen Sie damit sagen?‹ Ich hatte diese Reaktion nicht erwartet.
›Ich will nur sagen: Finde ich toll die Uhr, schönes Stück.‹
›Geben Sie doch ruhig zu, daß Sie denken, sie ist gefälscht.‹
›Aber nein, warum sollte ich das denken?‹
›Weil das heute jeder denkt. Weiß doch jedes Kind, daß die meisten Markenuhren Fälschungen sind. Die kommen alle aus Singapur oder Kuala Lumpur. Kosten höchstens 600

Mark. Für ’ne echte Rolex können Sie bis zu 30000 Mark hinblättern.‹

Der Mann ist wirklich böse. Aber warum ist er böse? Ich will doch gar nicht bezweifeln, daß seine verdammte Uhr echt ist. Also sage ich:

›Ich wäre nie auf den Gedanken gekommen, daß Ihre Uhr eine Fälschung ist. Das würde man doch irgendwie sehen.‹

›Das ist es ja gerade: Die Fälschungen sind so gut – die kann noch nicht mal der Uhrmacher unterscheiden.‹

Ich aber hab’ mich nun mal festgelegt und bleibe tapfer:

›Ja, ja. Aber Ihre Uhr – ich weiß nicht – das hab’ ich eben im Gefühl. Die ist bestimmt echt.‹

Da sieht er mich an und zieht die Augenbrauen hoch:

›Sie halten mich also tatsächlich für so dämlich, mir ’ne echte Rolex zu kaufen? Wo es geniale Fälschungen schon für 600 Mark gibt?‹

Das Gespräch war im Eimer.

Aber das Verrückteste: Ich hab’ den Mann im Verdacht, daß es doch eine echte Rolex war.«

Tja – armer Alfred.

Die Offenbarung des Schäfers Christian

Da ist in unseren Tagen wieder mal was Kirchenhistorisches geschehen. Der Papst hatte plötzlich einen Gegenpapst – oder nee, der Papst hatte einen Papstbeschimpfer –, der ganz für sich alleine die ewige religiöse Wahrheit gepachtet hatte, obwohl doch auch der Papst die einzige ewige Wahrheit gepachtet hat. Eine kritische Angelegenheit. Der Gegenpabst des Jahres 1988 war ein gewisser Lefebvre.

Und so trug sich denn die folgende Geschichte zu:

Dem 81jährigen Rentner Christian K. (genannt der Schäfer)

widerfuhr eines Abends eine göttliche Offenbarung.
Christian, der Schäfer, hat auf einem Baumstumpf gesessen, und zwar in der Nähe von Behringen in der Lüneburger Heide, wo nach hundert Metern der militärische Übungsplatz beginnt.
Er hat dort also gesessen, mitten im Heidekraut, die Sonne war noch dabei unterzugehen, und hat ein Gebet gesprochen:
»Vergib mir, o Herr, die Vermessenheit, daß ich mich heute direkt an Dich wende! Aber auf der Erde ist die Verwirrung groß in Deiner Herde. Wir wissen nicht mehr, o Herr, ist Dein Stellvertreter noch Dein Stellvertreter – oder ist er der Antichrist. Der Erzbischof Lefebvre nämlich ist vom Papst abgefallen und sagt: Wer dem Papst folgt, ist verdammt in alle Ewigkeit. Andererseits aber sagt der Papst, der Erzbischof ist vom Teufel verführt – und hat ihn exkommuniziert. Der Papst hat gerade viele heilige neue Kardinäle ernannt. Der Erzbischof aber hat vier Bischöfe geweiht. Und alles immer in Deinem Namen. Die Zeitungen sind voll davon. Die heiligen Männer gehen bedeutungsvoll umher und beten und zelebrieren und halten Messen. Aber unsereiner als armer Sünder, o Herr, ist ziemlich verwirrt. So gib doch ein Zeichen, o Herr, in diesem großen heiligen Problem für die Ewigkeit. Amen.«
In diesem Augenblick hat der alte Schäfer einen hellen Schein über dem Birkenwald gesehen – und ein heißes Feuer im Herzen gespürt. Da hat er gewußt: Das ist ER. Und hat Gottes Stimme gehört. Die klang allerdings eher etwas gelangweilt:
»Papst? Kirche? Bischöfe? Nie gehört!«
Der Schäfer ist auf die Knie gefallen und hat gerufen:
»Deine Kirche, o Herr! Die allein die Wahrheit über Dich verkündet, Herr. Auf der Erde, für die Menschheit!«
Und siehe, der Herr hat sehr erstaunt gefragt:

»Erde? Menschheit? Ach! Gibt's die denn immer noch?«
Dann war die Offenbarung zu Ende. Christian, der Schäfer, hat seit der Stunde einen geheimnisvoll heiteren Ausdruck im Gesicht.

Es hat sich bewegt!

Als der deutsche Bundeskanzler einmal aus dem Urlaub kam, traf er am ersten Tage gleich eine bedeutende Entscheidung. Es ging da, glaube ich, um Atomraketen, die in der Bundesrepublik stationiert waren.
Alle Zeitungen in der Bundesrepublik waren voll Begeisterung. Die Schlagzeilen lauteten: Der Kanzler hat entschieden! Oder: Der Kanzler entscheidet!
Mich erinnerte diese Begeisterung über so ein unerwartetes Geschehen an ein Urlaubserlebnis, das ich einmal im Berliner Zoo hatte. Im Exotarium. Ich stand da bei den Alligatoren. Neben mir auf der Brücke standen Vater und Sohn. Sie starrten beide unentwegt auf das Krokodil. Und standen und warteten. Und standen und warteten.
Plötzlich sagte der Sohn:
»Papa, ist das Krokodil ausgestopft?«
»Wie kommst du denn darauf?«
»Es bewegt sich ja gar nicht!«
»Das bewegt sich schon noch. Mußt du nur Geduld haben.«
»Oder ob es tot ist?«
»Nein, mein Sohn. Es ist nur träge, wie jemand, der sich nicht gern bewegt. Warte nur ab.«
Und sie standen da – und warteten. Und standen und warteten. Und standen und warteten. Und standen und . . .
Und mir wurde das zu dumm. Ich ging weiter und sah unter anderem eine Wüstenspringmaus, die mich sehr beein-

druckte. Sie flitzte unermüdlich durch den Käfig, die Wände rauf und runter, fleißig und aktiv. Aber die Zoobesucher warfen immer nur einen kurzen Blick zu ihr hinein: na ja – Wüstenspringmaus.
Dann kam ich wieder bei den Krokodilen vorbei. Der Vater und sein Sohn standen immer noch dort. Aber inzwischen hatte sich eine große Menschentraube um sie herum gebildet. Und die standen da alle – und warteten. Und standen und warteten. Und standen und . . .
Plötzlich rief der Sohn: »Papa, es hat sich bewegt!«
Ein Raunen ging durch die ganze Menge. Ein beifälliges Raunen.
Da ist mir das Prinzip klargeworden:
Wenn eine Wüstenspringmaus fleißig und aktiv ist – das interessiert niemanden. Aber wenn ein Krokodil sich nur einmal bewegt – schon ruft alles:
»Der Kanzler hat regiert!«
Nicht zu fassen. Einen ganzen Tag lang!

Generationsunterschied

»Aber lieber Vater! Du hast doch nun wirklich keine Ahnung. Ihr habt zu eurer Zeit eben Äpfel gestohlen!«
Jörn, 15, versuchte seinen Vater aufzuklären. Der aber war ziemlich besorgt:
»Äpfelstehlen – das kannst du doch nicht mit eurer Hackerei vergleichen. Ihr brecht in eine Datenbank ein. Das ist Bankeinbruch – also, was du da machst von deinem Zimmer aus!«
»Aber nein, Vater. Mein Personal-Computer hat ein Modem, das die Verbindung zum Telefon herstellt. Von der Post habe ich eine ganz normale Zugangsberechtigung zum Datex-Netz mit einem Paßwort. Jetzt will ich mit irgendei-

nem Teilnehmer einen On-Line-Dialog auf Retrieval führen. Dazu brauch' ich seinen Code. Ich nehm' jetzt mal an: Das Nato-Hauptquartier hat einen Mädchennamen-Schlüssel. Jetzt geb' ich meinem Computer den Befehl, ihn anzuwählen und alle Mädchennamen durchzuprobieren. In der Zwischenzeit unterhalt' ich mich zum Beispiel hier mit dir. Angenommen nun, ›Susi‹ ist der Schlüssel. Dann zeigt mir das nachher der Schirm an. Was ist dabei? Ich klopf' sozusagen nur an. Dagegen ist das Stehlen von Äpfeln doch richtiger Diebstahl. So was würd' ich nie machen!«
»Junge, ich weiß nicht. Ja, wir – wir haben uns früher im Telefonbuch den Namen Zietz rausgesucht. Dann haben wir angerufen, und wenn sich eine Stimme meldete ›Hier Zietz‹, haben wir gesagt: ›Dann machen Sie doch das Fenster zu.‹ Das ist harmlos! Aber ihr . . .«
»Harmlos? Also hör' mal, Paps. Das ist für mich kriminell. Das ist ja beinahe Körperverletzung!
Wir dagegen – wir sehen doch nur nach, ob irgendwo eine undichte Stelle im Zaun ist. Und wenn wir eine entdecken, melden wir sie dem Apfelbaumbesitzer!«
In diesem Augenblick: Blaulicht vor dem Haus. Jemand donnert gegen die Tür:
»Polizei! BKA! Aufmachen!«
»Oh, Gott, Jörn! Ich hab's ja gleich gesagt!«
»Ruhe, Paps. Du hast selber erzählt, bei dir kam damals Herr Bolle, euer Nachbar, und wollte die Äpfel wiederhaben. Das ist eben der Generationsunterschied!«
Und verschwand nach hinten durchs Badezimmerfenster.

Endlich emanzipiert!

Wenn Sie eine vierzehn Monate alte Tochter haben sollten, lieber Leser, und Ihre Frau oder Lebensgefährtin sagt eines

Morgens beim Frühstück zu Ihnen:
»Ich werde mit meiner Freundin eine Woche verreisen. Kann ich dich mit dem Baby allein lassen?«
Dann – um Himmels willen – sagen Sie »ja!«.
Eine solche Gelegenheit, sich zu emanzipieren, bekommt man als Mann nämlich so schnell nicht wieder. Es geschieht ganz einfach folgendes:
Ob Schwiegermütter oder Hausfrauen oder Freunde im Tennis- oder Schachclub: Alle sehen dich an und denken:
»Donnerwetter. Der macht Ernst mit der Emanzipation. Eine Woche allein mit dem Kleinkind. Alle Achtung!«
Die Sache selbst ist dann ein Kinderspiel. Man trinkt zusammen die Flasche, sieht Sesamstraße, spielt in der Sandkiste (wollte ich schon lange mal wieder, aber man traut sich ja nicht allein), gibt dem Kind von Bratwurst und Kartoffelsalat ab, lernt freiwillig alle Strophen von »Fuchs, du hast die Gans gestohlen« – na ja, und Windelwechsel ist nun wirklich einfacher als – sagen wir mal – Reifenwechsel. Das Kind darf die Wohnung verwüsten (einen Vater stört so etwas nicht) – das Kind lacht, weint und schläft. Mit einem Wort: Das Ganze ist ein Riesenvergnügen.
Aber für dieses Vergnügen wird man nun auch noch belohnt. Die eigene Schwester stellt plötzlich Fachfragen:
»Badest du sie abends oder morgens?«
»Na, abends *und* morgens.«
»Welche Windeln nimmst du?«
»Ich halt' ja nichts von den Super-Saugern. Die ganz einfachen sind viel besser.«
Man ist akzeptiert. Man kann mitreden.
Inzwischen ist die Mutter nun wieder zurück. Ich bin in die zweite Reihe zurückgetreten. Aber ich weiß nun etwas, das kann mir keiner mehr nehmen:
»Zur Not geht es auch ohne Frau.«

Dieser Mistkerl in mir!

Mitten auf der Autobahn, auf der Fahrt nach Bremen, sagt Regine plötzlich zu Michael:
»Weißt du eigentlich, ob ich den Backofen ausgestellt habe?«
»Wie soll ich denn das wissen?«
»Ich hab' doch heute morgen Brötchen aufgebacken. Dann sind wir weggefahren. Hab' ich ihn nun ausgestellt oder nicht?«
»Na klar. Das nehme ich doch an.«
»Das nützt mir nichts, daß du es annimmst. Kehr um, Michael. Kehr um! Ich hab' vergessen, den Backofen auszustellen!«
Michael wehrt sich noch etwas. Aber vergeblich.
»Da kann ja das ganze Haus abbrennen«, jammert Regine. »Ich weiß es jetzt genau: Ich hab' ihn nicht ausgeschaltet!«
Also fahren sie die ganze weite Strecke nach Kiel zurück. Regine rast die Treppe rauf. Und kommt gleich wieder runter: »Alles in Ordnung!«
Natürlich, das hat jeder schon mal erlebt.
Ich aber frage mich: Was ist das für eine Schikane – diese Sache mit dem Unterbewußtsein?
Da haust doch irgend so ein Mistkerl in mir, der läßt mich Sachen tun, von denen ich selber nichts weiß. Aber dieser Mistkerl – das bin ich doch auch selbst. Dieser Kobold macht einfach keine Meldung an mein Bewußtsein. Läßt mich Türen abschließen, Kerzen ausblasen, den Backofen ausschalten und gibt die Information »Unternehmen ausgeführt« einfach nicht weiter.
Und Stunden später quält sich mein Verstand ab, sucht den ganzen Informationsspeicher durch – und findet nichts.
Und dann, wenn man 150 Kilometer zurückgefahren ist – und alles ist in Ordnung –, hört man ihn leise kichern, diesen

Teufel, diesen Kobold – irgendwo hinten im Nebenhirn! Ja, verdammt – daß man von aller Welt betrogen wird, das weiß man ja. Aber daß man sich obendrein auch noch selber reinlegt! Das Leben ist wirklich nicht einfach.

Wie der Kanzler einmal zurücktreten wollte (Oder: Das verfrühte Jubellied)

Der Kanzler tritt zurück!
Oh, wie schön!
Welch wundersames Glück!
Er will gehen!
Er packt schon seine Sachen.
Voller Wut.
Schön leise, bloß nicht lachen.
Ist das gut!
Jetzt stampft er auf und nieder.
Zornerregt.
Wenn er sich's bloß nicht wieder
überlegt!
Schon spukt's durch die Gehirne:
Oh, famos!
Diese große Birne
sind wir los!
Er schreit: »Ich werf' den Laden hin,
weil ich so furchtbar wütend bin.
Zum Präsidenten geh' ich rein.
Ich will nicht mehr der Kanzler sein.
Ich tret' zurück! Ich tret' zurück!«
Mein liebes Volk, hast du ein Glück!
Doch was ist das?
Jetzt werd' ich blaß.

Enttäuschung ach und große Not!
Er hat mit Rücktritt nur *gedroht.*
Und Zimmermann, der fleht auch noch:
Geliebter Kanzler, bleibe doch.
Du armes Volk, du tust mir leid:
Zu früh hast du dich drauf gespitzt.
Da sitzt er wieder dick und breit –
und sitzt also und sitzt und sitzt!

Justitia 90

»Sehr geehrte Damen und Herren! Ich danke Ihnen, daß Sie unserer Firma heute Gelegenheit geben, Ihnen den Hochleistungscomputer ›Justitia 90‹ vorzuführen.«
Im Justizministerium saßen hohe Justizbeamte und folgten aufmerksam den Ausführungen des Top-Managers der Computerfirma ABS.
»Gestatten Sie mir«, fuhr der Manager fort, »Ihnen zunächst die grundsätzlichen Überlegungen zu erläutern, die uns veranlaßt haben, den programmierten Richter zu entwickeln. Für Richter und Staatsanwälte gibt es bekanntlich die Maxime der absoluten Gesetzestreue. Gesetz ist Gesetz. Sie haben es zu vertreten, ganz gleich, von wem es gemacht wurde.
Das Prinzip der absoluten Gesetzestreue hat jedoch in den vergangenen Jahrzehnten Richtern und Staatsanwälten große Schwierigkeiten eingebracht. Die Richter des Dritten Reiches, die die Gesetze des Nazi-Regimes in absoluter Pflichterfüllung durchgesetzt haben, müssen sich heute das Wort von den ›furchtbaren Juristen‹ gefallen lassen. Sie haben Tausende Nazi-Opfer zum Tode verurteilt – alles in treuer Erfüllung der Gesetze.
In unseren Tagen nun scheinen einige Richter und Staatsan-

wälte aus diesen Dingen die Konsequenzen ziehen zu wollen. Anstatt, ohne nach rechts oder links zu blicken, allein ihren Beruf auszuüben und blind dem Gesetz zu dienen, folgen sie ihrem Gewissen und nehmen zum Beispiel an Sitzblockaden gegen die Atomrüstung teil. ›Für uns sind Recht und Gesetz keine tote Materie. Menschenrechte sind für uns mehr als nur Paragraphen. Darum unternehmen wir etwas gegen den Rüstungswahnsinn.‹
Eine solche Einstellung kann natürlich ein Justizapparat nicht verkraften, für den, wie eh und je, allein der Buchstabe des Gesetzes gilt. An diesem Punkt nun setzt unsere Computerfirma an.
Wir schlagen Ihnen vor, die gesamte deutsche Gerichtsbarkeit nur noch mit Computerprogrammen abzuwickeln. Der Staatsanwalt gibt die Anklagepunkte ein, der Verteidiger das Entlastungsmaterial. Der Computer beginnt zu arbeiten – mit genau jener Treue zum Buchstaben des Gesetzes, die der deutsche Richter braucht.
Wenn Sie zum Beispiel die Urteile über Juristen, die an Sitzblockaden in Mutlangen teilgenommen haben, von Computern fällen lassen – so haben Sie die Gewähr, daß absolut nur nach dem Buchstaben des Gesetzes und nicht nach irgendwelchen höheren Menschenrechtsgesichtspunkten Recht gesprochen wird. Und wenigstens ist es dann kein Mensch mehr, von dem man sagen muß: ein furchtbarer Vollstrecker der Gesetze!«

Tradition der deutschen Justiz: ungebrochen!

»Na, Gott sei Dank!« seufzte gestern mein seltsamer Bekannter, Herr Z. »Die Tradition der deutschen Justiz wird nicht gebrochen!«
»Inwiefern?« -

»Das Bundesverfassungsgericht hat die Beschwerde eines Lübecker Richters und eines Staatsanwalts zurückgewiesen. Sie gehörten zu jenen fünfunddreißig Lübecker Richtern und Staatsanwälten, die vor Jahren in einer Zeitungsanzeige gegen die Stationierung der Pershing-Raketen protestiert hatten. Daraufhin waren sie vom damaligen schleswig-holsteinischen Justizminister, Henning Schwarz, wegen Dienstpflichtvergehens ermahnt worden. Karlsruhe hat diese Ermahnung nun bestätigt: Die politische Meinungsäußerung der Richter dürfe nicht Formen annehmen, die ›den Eindruck entstehen lassen könnten, der Beamte werde bei seiner Amtsführung nicht loyal gegenüber seinem Dienstherrn sein‹.
Also: Gott sei Dank, die Tradition ist gewahrt!«
»Das müssen Sie mir näher erklären!«
»Hätten die Richter des Dritten Reiches sich nicht unerbittlich loyal zu ihrem Dienstherrn verhalten, so wäre am Ende das ganze Dritte Reich zusammengebrochen und die Nazi-Rechtsprechung dazu.«
»Aber Herr Z., das wäre doch ein Segen gewesen!«
»Aber nicht rechtens, mein Lieber. Und das ist wichtiger. Nach der traditionellen Rechtsauffassung deutscher Justiz jedenfalls. Wer heute als Richter die atomare Bedrohung der Menschheit über alle Probleme der Rechtsprechung stellt – und dies auch noch kundtut –, der befindet sich außerhalb dieser Tradition. Martin Hirsch, selbst Bundesverfassungsrichter a. D., drückt das so aus:
›Mit unerschütterlich gutem Gewissen schlüpften die meisten Juristen (des Dritten Reiches) von einem Tag auf den anderen aus den Nazihemden, wie Fußballer bei einem Trikotwechsel. Keine Scham verbot ihnen, später als Matadore von Staat und Gesellschaft eines demokratischen Gemeinwesens anzutreten ... Diejenigen, die sich vom Unrecht freiwillig zurückzogen, sind an einer Hand abzuzählen.‹

Immer schön loyal gegenüber Gesetz und Gesetzgeber, mein Lieber. Dann kann man notfalls mühelos umsteigen. Wissen Sie, warum die Göttin Justitia eine Binde vor den Augen trägt? Damit sie sich bei ihrer jeweiligen Gesetzestreue nicht etwa vom Anblick der Menschlichkeit irritieren läßt.«

Ach so!

Wie von gut unterrichteter Stelle berichtet wird, wäre es auf dem CDU-Parteitag in Wiesbaden beinahe zu einem großen Eklat gekommen. Mitten in der Debatte um den Paragraphen 218 hatte sich inmitten der Delegierten ein Mann erhoben und mit fester Stimme eingeworfen:
»Selbstverständlich muß aus christlicher Sicht zugestanden werden, daß das menschliche Leben als Rechtsgut und moralischer Wert an sich im Falle einer existenzbedrohenden Situation zurückzustehen hat.
Du sollst nicht töten! Und doch, meine Brüder und Schwestern, müssen wir uns schweren Herzens zur Tötung bereit erklären, wenn eine unerträgliche Notlage es erfordert, wenn die gesamte Sozialsituation ins Wanken geraten würde. Die Mutter, welche das Leben ihres Kindes dem gesellschaftlichen Ziele zu opfern bereit ist . . .«
An dieser Stelle entstand Tumult.
Eben noch hatten die Abtreibungsgegner gefordert:
»Im öffentlichen Bewußtsein muß wieder verankert werden, daß von der Vereinigung der Eizelle mit der Samenzelle an menschliches Leben mit seinem vollen Wert vorhanden ist. Schwangerschaftsabbruch ist Tötung dieses Lebens, Mißachtung seiner Verfügbarkeit und deshalb Unrecht.«
Und jetzt fing dieser Mensch wieder an, von sozialen Zwängen zu reden, von gesellschaftlichen Erfordernissen! Ist der irrsinnig?

»Abtreibung ist Tötung! Du sollst nicht töten!« schrien sie.
»Außer wenn Gottes Ratschluß es verlangt, daß eine Mutter ihrem Sohn . . .«
»Wer ist dieser Mensch? Was will der?«
»Ich bin der Militärgeistliche Michael G. Aus Köln. Ich spreche von der Tötungsnotwendigkeit aus Gründen einer Zwangslage – so etwa vom 225. Monat des männlichen Lebens an.«
»Ach so«, sagten die Abtreibungsgegner erleichtert. »Wenn das so gemeint ist! Das ist natürlich was anderes.«

Kofferschoner

Hermann und Hermine hatten sich für den Urlaub neue Koffer gekauft. Seit zwanzig Jahren die ersten neuen Koffer. Richtig gutes Leder. Markenware.
Ein paar Tage später kam Hermann mit den Kofferschonern nach Haus. Er zog die Kofferschoner über die Koffer.
»Schade«, sagt Hermine. »Nun sieht man gar nichts mehr von den schönen Koffern.«
»Dafür bleiben sie aber wie neu.«
»Bloß, daß das keiner mehr sehen kann.«
»Unsinn. Das weiß doch jeder, daß das wertvolle Koffer sind, wenn Kofferschoner drüber sind.«
»Aber dann hätten wir ja nicht so teure zu kaufen brauchen – sondern nur die Kofferschoner dazu. Dann hätten wir viel Geld gespart.«
»Wir haben doch die Koffer nicht für andere Leute gekauft, sondern für uns!«
»So? Aber du hast doch selber gesagt: Das Leder sieht schick aus von den Koffern. Das zeigt was her.«
»Ja, aber für uns!«

»Aber wir können das doch nun auch nicht mehr sehen – wo die Kofferschoner da drüber sind.«
»Aber wir *wissen* doch, daß die Koffer gut aussehen.«
»Ja, wissen. Aber wissen ist doch nicht sehen, Hermann.«
»Du immer mit deiner Eitelkeit. Wenn die Koffer keine Kofferschoner haben, dann sind sie nach der ersten Reise verkratzt und sehen erst recht nicht mehr gut aus.«
»Ja, aber dann könnten wir ja immer noch die Kofferschoner drüber machen – wenn sie verkratzt sind.«
»Kofferschoner über verkratzte Koffer? Ich will doch nicht die Kratzer schonen, sondern die Koffer!«
»Nicht, um die Kratzer zu schonen. Sondern um sie zu verstecken, Hermann!«
»Aber Hermine, wieso verstecken? Wir wüßten doch dann sowieso, daß sie nicht mehr neu sind.«
»Du, Hermann! Die Kofferschoner bleiben aber auch nicht immer neu. Müßten wir nicht auch noch Kofferschoner-Schoner haben?«
»So ein Blödsinn. Ich kauf' doch keine Kofferschoner, um die Kofferschoner zu schonen, sondern die Koffer. Und da sei man ganz ruhig: Je mehr die Kofferschoner verkratzt sind, um so mehr wissen die Leute, wie sehr wir die Koffer geschont haben!«

Im Supermarkt

Die junge Frau im Supermarkt hatte gerade ein Paket Butter und einen Joghurt-Becher in den Einkaufswagen getan.
»He! Halt, das ist mein Wagen!«
Ein älterer aufgeregter Herr in Hut und Mantel kam auf die Frau zu. Er griff nach dem Wagen.
Die junge Frau sagte gar nichts.
»Haben Sie nicht gehört? Was grinsen Sie mich noch so an?«
»Entschuldigung. Der Wagen war doch leer.«
»Das ist mein Wagen. Der stand dort bei der Backabteilung. Den Wagen habe ich solange hierhergestellt!«
»Ja, aber woher sollte ich das wissen...?« sagte die junge Frau.
Ein jüngerer Mann im blauen Anzug kam hinzu.
»Wenn ich da helfen dürfte: Die Rechtsprechung kennt weder ein Eigentums- noch ein Nutzungsrecht an leerstehenden Leihwagen, solange sie nicht in direktem Gebrauch...«
»Was mischen Sie sich ein, Sie Klugscheißer!« rief der aufgeregte Herr. »Ich habe diesen Wagen eigenhändig vom Eingang hierhergeschoben. Die Dame da hinten kann es bezeugen!« Er ruderte mit den Armen, um seine Zeugin herbeizurufen.
Noch zwei Frauen waren hinzugetreten. Die eine schimpfte gleich los.
»Mir haben sie auch schon den Wagen gestohlen. Sogar mit zehn Pfund Kartoffeln drin!«
»Aber, meine Herrschaften, die Rechtsprechung spricht lediglich von einer unverbindlichen Nutzungsmöglichkeit leihweise bereitgestellter Leihwagen, ohne jeglichen Anspruch auf...«
»Hier ist die Dame! Die Dame ist Zeuge!« rief der aufgeregte Herr jetzt.

»Machen Sie sich doch nicht lächerlich!« kam nun eine ganz Dicke darauf zu.
»Solange Sie keine Sachen im Wagen haben, ist das auch nicht Ihr Wagen!«
»Ja, soll ich etwa meinen Hut reinlegen?«
Vor lauter Menschen war schon gar kein Wagen mehr zu sehen.
»Was ist denn hier los?« fragte eine kleine Frau von hinten und stellte sich auf die Zehenspitzen.
»Der Herr hat einer Dame die Butter aus dem Wagen geklaut!«
»Immer dasselbe! Immer die jungen Leute!« schrie irgend jemand, der überhaupt nicht wußte, um was es ging.
Keiner hatte bemerkt, daß die junge Frau längst Butter und Joghurt aus dem Wagen genommen und an der Kasse bezahlt hatte. Als sie den Laden verließ, hörte sie gerade, wie jemand rief:
»Polizei! Dann hole ich die Polizei, Sie Flegel!«
Supermärkte mochte sie nicht. Diese Hektik, dies Gezerre. Jetzt stritten sich schon wieder ein paar Leute da drüben über irgend etwas. Aber für so etwas interessierte sie sich nicht . . .

Arme Eva!

Arme Eva! Hat überall Schwierigkeiten.
Am allermeisten mit den Obrigkeiten.
Dabei ist sie freundlich und macht immer Spaß.
Nur wenn jemand kommt und sagt: »Mach mal *das*!«,
schüttelt sie den Kopf und sagt unter Lachen:
»Aber gern! Meine Herrn! Ich würd' alles für Sie machen.
Nur bin ich leider ein bißchen dumm.
Erklären Sie mir bitte noch mal ganz genau: *warum*!«

Arme Eva! Hat überall Schwierigkeiten.
Am allermeisten mit den Obrigkeiten.

Arme Eva! Als sie nun mal schwanger war –
kein Geld, keine Arbeit, keine Zukunft, da
wollt sie's nicht bleiben. Da sagten sie ihr:
»Du wirst jetzt eine Mutter! Das befehlen wir dir.«
Sie aber schüttelt den Kopf und muß lachen:
  »Aber gern! Meine Herrn! Ich würd' alles für Sie
  machen.
  Nur bin ich leider ein bißchen dumm.
  Erklären Sie mir bitte noch mal ganz genau: *warum*!«
Und ist keine Mutter geworden nicht.
Nur verpetzt vom Pfarrer beim Jüngsten Gericht!

Arme Eva! Wollt ihre Daten nicht nennen.
Man soll mich sowenig wie möglich kennen!
Da drohten sie ihr: »Es ist ein Gesetz!
Gezählt und verzeichnet wird jeder jetzt!«
Sie aber schüttelt den Kopf und muß lachen:
  »Aber gern, meine Herrn! Ich würd' alles für sie machen.
  Nur bin ich leider ein bißchen dumm.
  Erklären Sie mir bitte noch mal ganz genau: *warum*!«
Arme Eva! Registriert in der Kartei ist sie jetzt –
als eine, die sich nicht registrieren läßt!

Liebe Tochter! Wirst auch bald erfahren müssen:
Die Welt ist voller Menschen, die ganz genau wissen,
was gut für dich ist, mein Kind, und was nicht,
erzählen dir was von Tabus und von Pflicht.
Dann denk an die Eva und wie sie es machte:
sich dumm stellte und alle Welt auslachte.
Sag allen, sie möchten so freundlich sein:
Was du tust und was du nicht tust, das entscheidest du allein!

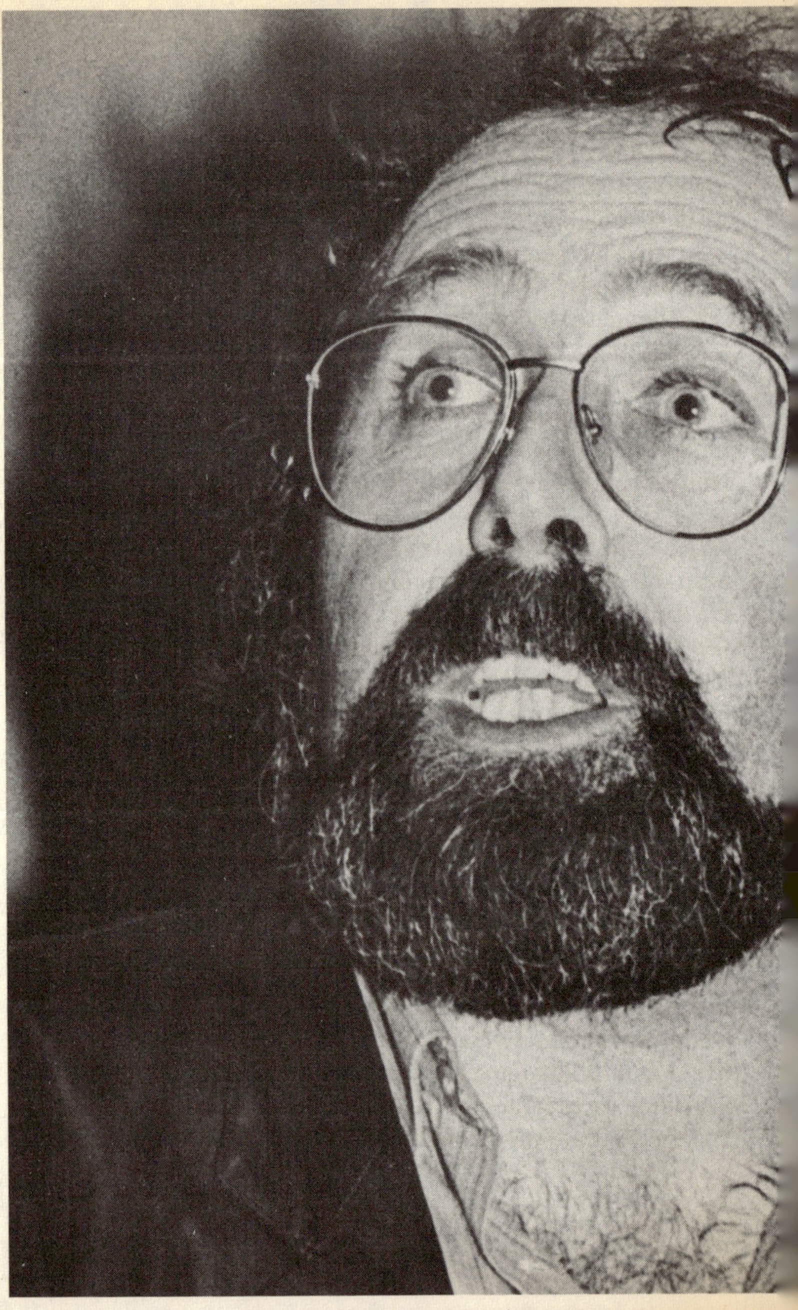

Kapitel 5

**Es gibt ein Tier, das ist so dumm,
daß man's kaum glauben kann.
Es sitzt auf einem Ast herum –
und sägt daran**

Mordabsicht nicht nachweisbar

»Polizeirevierwache 97. Kommissar Wegner.«
»Ich möchte gern Anzeige erstatten. Wegen Massen- oder Kindermord. Aber ich weiß nicht, ob meine Beweise ausreichen.«
»Das überlassen Sie man uns. Wie heißt der Mann? Wie sieht er aus?«
»Er sieht eigentlich sehr harmlos aus. Wie ein guter Onkel.«
»Haben wir oft bei dem Delikt. Also: der Name?«
»Nein, Augenblick bitte – erst einmal muß ich wissen: Reicht es denn für eine Anzeige aus, wenn ich beweisen kann, er hat meine Familie animiert, lebensgefährliche Substanzen zu sich zu nehmen – die aber nicht sofort, sondern erst später zum Tode führen?«
»Entscheidend ist, ob jemand in vollem Bewußtsein andere überredet, Gift einzunehmen! Ist das der Fall?«
»Ja, genau.«
»Also gut – wie heißt das Bürschchen?«
»Er hat nämlich nicht nur meine Kinder verführen wollen, Schutzbestimmungen zu mißachten, sondern eine große Zahl von Kindern anderer Familien auch.«
»Machen Sie endlich konkrete Angaben. Der Name?«
»Professor Albrecht Fincke.«
»Aha. Wo können wir nach ihm fahnden?«
»Sie brauchen nur die Redaktion der ›Schaubude‹ anzurufen. Dort ist er aufgetreten.«
»Ein Kinder- und Massenmörder?«
»Wie gesagt: Ich weiß nicht, ob meine Beweise ausreichen. Er hat auf jeden Fall meiner Familie geraten, ohne jede Bedenken verstrahlte Zimtsterne, Schokoladen und andere verstrahlte Nahrungsmittel zu sich zu nehmen. Auf den Einwand der Moderatorin ›Aber man hört doch von strahlenbe-

lasteten Nüssen aus der Türkei‹ hat er nur gesagt: Angstmacherei einer bestimmten Presse. Zum Beweis der Unbedenklichkeit hat er gesagt, daß jeder Mensch sowieso von Natur aus bestimmte Millirem im Körper habe. Er hat nicht mit einem Wort erwähnt, daß radioaktive Substanzen wie zum Beispiel Cäsium vom Körper nicht abgebaut, nicht verdaut werden, sondern sich ganz einfach addieren. ›Welcher Mensch ißt schon ein Kilogramm Zimtsterne?‹ hat er gesagt. Er hat also absichtlich den Eindruck erweckt, als hätten die Zimtsterne (mit bis zu 160 Bq/kg) überhaupt nichts mit der Gesamtnahrungsaufnahme zu tun. Das ist doch eine lebensbedrohende Verharmlosung!«
»Ja, aber mein Herr! Da können Sie doch nicht von Mordverdacht reden!«
»Aber Sie sagten doch selber: Es genügt, andere vorsätzlich zur Einnahme von giftigen Stoffen zu animieren!«
»Aber doch nicht, wenn das öffentlich im Fernsehen geschieht. Der Mann vertritt wahrscheinlich die Interessen der Nahrungs- und Genußmittelindustrie. Und dann ist er kein Mordbube – sondern ein Sachverständiger!«

Recht so, Herr Carstens?

Journalist Meyer-Winterbach diktierte seiner Sekretärin, Frau Schönbichler, einen Artikel über das Thema Waldsterben in den Computer: ». . . Wie auf der Tagung des hessischen Forstverbandes in Bad Homburg vom Vorsitzenden berichtet wurde, ist der deutsche Wald ohne Kompensationskalkung der Waldböden überhaupt nicht mehr zu retten. Die Kosten für die Kalkungen werden allein in Hessen auf zehn Millionen Mark im Jahr geschätzt und . . .«
»Das können Sie aber doch nicht schreiben, Herr Meyer-Winterbach! Sie bauschen auf!«

»Wie bitte?«
»Also – haben Sie es denn nicht gelesen? Unser früherer Bundespräsident Carstens hat anläßlich des 10. Jahrestages der Ermordung Hanns-Martin Schleyers mit den Medien abgerechnet. Journalisten wie Sie, hat er gesagt, halten mit aufgebauschten Problemen die Öffentlichkeit in Atem! Dabei hat er ausdrücklich die Berichte über das Waldsterben erwähnt.«
»Also, Schönbichler, nun hören Sie mal, ich nenne doch nur Zahlen. 3,1 Millionen Tonnen Stickstoffoxyde, 3 Millionen Tonnen Schwefeldioxyd, 8,2 Millionen Tonnen Kohlenmonoxyd fallen jedes Jahr aus der Luft auf den Boden, dazu noch 6500 Tonnen Blei und 200 Tonnen hochgiftiges Kadmium.«
Aber die Schönbichler läßt nicht locker:
»Aufgebauscht, aufgebauscht! Solche Zahlen verderben unsern Lesern das ganze Waldgefühl. Denken Sie mal an die Wandervereine, an die Liebespaare, an die Lyriker, an Hänsel und Gretel – und alle, die auf den Wald angewiesen sind. ›Konzentrierte Angriffe einer sensationslüsternen Presse‹, hat Carstens gesagt. Damit werden vorhandene Ängste verstärkt, und das Vertrauen in die Politiker wird weitgehend zerstört...«
»Ach, Frau Schönbichler! Damit hat er sicher die Yellow Press gemeint, die Revolverblätter, die...«
»Nein, nein! Er hat ausdrücklich ›die Medien‹ gesagt. Die Journalisten! Waldsterben aufbauschen, über Glykolweine berichten, statt die Leute in Ruhe trinken zu lassen, verstrahltes Molkepulver, warum muß das überhaupt erwähnt werden?«
»Also gut, dann schreiben Sie mal, Frau Schönbichler: Nach dem Vollzug der moralischen Wende in der Bundesrepublik hat nun auch der Wald in diesem Lande seine abweisende, seine verschlossene Haltung gegenüber den Politikern auf-

gegeben. Die Kiefern und Fichten werfen ihre spitzen Nadeln ab, mit denen sie bisher eine widerspenstige Haltung gegenüber den Politikern gezeigt haben. Auch die Laubbäume verhüllen sich nicht länger. Der Wald steht schwarz – in den Farben der Regierungspartei – und schweiget, weil er weiß: Das mögen die Politiker am liebsten, wenn alle das Maul halten.«

Kein Handlungsbedarf

Zwei Männer gingen über die Brücke. Der Mond schien hell auf den Fluß herab.
»Hilfe!« kam plötzlich ein Schrei vom Wasser her.
Die Männer beugten sich über das Geländer der Brücke.
»Hiiiilfe!« kam es noch einmal.
»Da unten schwimmt einer«, sagte der eine Mann.
»Einer von uns beiden muß runterspringen und ihn retten«, sagte der andere.
»Noch ist Zeit«, sagte der erste. »Er ertrinkt ja noch nicht. Man sieht ihn ja noch schwimmen.«
»Hilfe!« rief der Ertrinkende – schon etwas schwächer.
»Natürlich ist es unsere Pflicht, ihm zu helfen«, sagte der erste Mann. »Sobald die Situation wirklich lebensgefährlich für den Ertrinkenden wird, muß einer von uns beiden hier runterspringen und ihn retten.«
»Du oder ich«, sagte der andere, »die Art, wie er zappelt, läßt auf jeden Fall darauf schließen, daß er nicht schwimmen kann. Wer von uns beiden soll jetzt springen?«
»Solange er zappelt, besteht in dieser Hinsicht noch kein Entscheidungsbedarf«, sagte der erste Mann.
»Wir möchten Ihnen nur versichern«, rief der erste Mann zum Fluß hinunter, »daß wir uns auf jeden Fall verpflichtet fühlen, Sie zu retten, wenn es wirklich ernst wird!«

»Vielleicht sollte man sich aber doch erst einmal erkundigen, wen wir da zu retten vorhaben«, sagte der zweite zum ersten. »Ist ja schon vorgekommen, daß der Gerettete seinen Retter zum Dank erschlagen hat.«
»Das ändert rein rechtlich nichts an unserer Verpflichtung, ihn zu retten. Jeder Mensch in Todesnot hat Recht auf Hilfe von jedem anderen. Solange natürlich kein Entscheidungsbedarf besteht ...«
»Da! Jetzt geht er unter! Man kann noch den Stiefel sehen ...«
»Solange man noch einen Stiefel sieht, ist die Lage noch nicht aussichtslos. Es ist zwar menschlich gesehen in diesem Moment zweitrangig zu fragen, um welche Art von Ertrinkendem es sich hier handelt, aber ...«

»O Gott! Wie furchtbar! Jetzt ist er ertrunken!«
»Wirklich? In der Tat – ich sehe auch nichts mehr. In diesem Falle können wir die These vom fehlenden Entscheidungsbedarf nun fallenlassen. Auszugehen haben wir nunmehr vom fehlenden Handlungsbedarf.«
Die beiden Männer setzten ihren Weg über die Brücke fort. Der Mond schien hell auf den Fluß herab.

Die Angst des Redakteurs vor der Neujahrsansprache

Dies ist die Geschichte vom Kanzler Kohl und seiner Neujahrsansprache. Weil der Kanzler Kohl in jedem Jahr die gleiche Ansprache hielt, fiel es niemandem auf, daß beim Fernsehen einmal eine Neujahrsansprache vom Vorjahr gesendet wurde. Nur dem Kanzler fiel es irgendwie auf – und da gab es einen großen Skandal. Und seither:

Drei Nächte hat Christian K., Hauptabteilungsleiter Politik beim NDR, schon nicht mehr geschlafen.

Diese Verantwortung!

Diesmal will er persönlich anwesend sein, wenn die Neujahrsansprache des Bundeskanzlers über die Bildschirme geht.

Christian K. hat alles getan, damit nichts schiefgehen kann. Zuerst hat er anfragen lassen, ob der Bundeskanzler diesmal nicht live reden könnte. Aber von höchster Stelle wurde abgewunken. (Man fürchtet, daß auch dann Anrufe kommen, es wäre wieder dieselbe Ansprache. Und das wäre ja zu peinlich.)

Christian K. hat sich die beiden Reden aus dem Vorjahr über 50mal angesehen, damit er sie gleich von der neuen Rede unterscheiden kann. Er hat sich auch die Unterschiede zwischen den beiden Reden 86 und 87 eingeprägt. Denn es gibt Unterschiede, jawohl!

86 sagte der Kanzler: »Liebe Mitböckerinnen und Mitböker – umt das ssage ich hier mit aller gebodenen Opfenheit umt Glahait ...« Während er 87 sagt: »Liebe Mitböckerinnen und -böcker – umt diess lassen Sie mich hier in aller ssu Gebode sstehnden Opfenheit ssagn ...« Also überhaupt nicht zu verwechseln. Außerdem sehr wichtig: 86 grauer Anzug. 87 blauer Anzug.

86 spricht er noch von »... dem ermpfsthaftn Broplehm der

Abbeizlosickheit«, während er 87 ganz deutlich von »... dem bidderen Chicksaal der Abbeizlosickheit« spricht, die ihn »als Bummdeskanmpzler umt als MENNCH bedropfn macht«.
Zu seiner Frau hat Christian K. gesagt: »Ich könnt' mich glatt bei ›Wetten, daß...?‹ melden. Drei verschiedene Kanzlerreden halt' ich auseinander!« – »Fabelhaft! Das macht dir keiner nach!«
Und trotzdem: Christian K. kann nicht mehr schlafen. Er kennt ja die andere Rede noch nicht – und weiß nicht mal, ob der Kanzler einen anderen Anzug trägt. Und ob es da wieder diese klaren Unterschiede gibt, die nur er hören kann. Sagt der Kanzler wieder »... in diessem umsserem Lambde«, oder sagt er's nicht? Und wenn nun dieser Wallraff sich als Redakteur verkleidet und ihm das neue Band unterschieben will mit dem unterlegten Ton von dem Stimmenimitator Stefan Wald? O Gott, o Gott! So zittert Christian K. vor der Neujahrsansprache und denkt bei sich:
»Ach, wie schön war es doch früher – als noch kein Mensch auf die Idee kam, am Jahresende die Kanzlerrede wirklich anzuhören – with the same Ansprache as every year.«

Herr Sparwasser, wie konnten Sie nur?

Ach nee – die Herren DDR-Funktionäre sind ganz fassungslos: Ihr Fußballstar Jürgen Sparwasser hat sie verlassen. Der Mann, der 1974 das entscheidende 1:0 gegen die Mannschaft der Bundesrepublik schoß.
In Saarbrücken hat er in einer Altherren-Mannschaft mitgespielt und ist untergetaucht. Und nun jammern die DDR-Funktionäre: Wie konnte der Jürgen ihnen das nur antun?
Meine Herren Funktionäre: Ich glaube, ich kann Ihnen helfen, das Rätsel zu lösen.

Ich sage zum Beispiel: Rosa Luxemburg. »Freiheit ist immer nur Freiheit der Andersdenkenden.« Ich sage: Schon wieder hat Ihr gepriesener Arbeiter-und-Bauern-Staat dreißig Demonstranten verhaftet und angeklagt – weil sie was gemacht haben? Ihre Meinung haben sie kundgetan.
Kennen Sie Artikel 18 aus der Charta der Menschenrechte, meine Herren?
Ja, natürlich kennen Sie ihn. Ihr Staat hat diese Charta ja unterzeichnet. Aber zur Erinnerung:
Artikel 18: Jeder Mensch hat Anspruch auf Gedanken-, Gewissens- und Religionsfreiheit; dieses Recht umfaßt die Freiheit, seine Religion oder seine Überzeugung zu wechseln, sowie die Freiheit, seine Religion oder seine Überzeugung allein oder in Gemeinschaft mit anderen, in der Öffentlichkeit oder privat, durch Lehre, Ausübung, Gottesdienst und Vollziehung von Riten zu bekunden.
Seit über vierzig Jahren existiert Ihr Staat, die DDR, der seinen Genossen zur höchsten Glückseligkeit verhelfen will. Aber die allerkleinste Freiheit, das Einfachste aller Menschenrechte, verwehren die Funktionäre den Bürgern. Bürokratisch, engstirnig und spießbürgerlich!
Warum mag Sparwasser wohl abgehauen sein? Noch ein Artikel aus den Menschenrechten gefällig?
Artikel 13. 2.: Jeder Mensch hat das Recht, jedes Land, einschließlich seines eigenen, zu verlassen sowie in sein Land zurückzukehren.
Na, kommen Sie allmählich auf die Lösung des Rätsels?
Was mich betrifft: Ich spiele sehr schlecht Fußball. In der BRD bin ich als sogenannter »Linker« verschrien (bei den Rechten). Fragen Sie mal Herrn Wörner. Der hat mir empfohlen, doch zu Ihnen zu ziehen.
Aber nee, meine Herren: Schon ein Bruchteil der Gründe, die Herr Sparwasser hatte, würde mir genügen, Ihr Paradies zu verlassen – wenn ich nur Gelegenheit dazu hätte!

Die große Ernüchterung

»Oh, mein Kopf!« Meine ersten Worte am Neujahrsmorgen.
»Gott sei Dank, jetzt kommt die Ernüchterung!« Verenas erste Worte.
»Hast du auch so viel getrunken?« fragte ich.
»Ich spreche nicht vom Saufen. Ich spreche vom Lügen. Weihnachten und Silvester: eine einzige Orgie der falschen Versprechungen. Friede auf Erden! Für eine menschlichere Welt im neuen Jahr! Versöhnung, sozialer Ausgleich, Friede, Friede, Liebe, Liebe. Zum Schlechtwerden! Präsidenten, Kanzler, jeder kleine Bürgermeister, jeder General und jeder Minister – sie baden in schönen Worten: ›. . . und werden wir unsere Anstrengungen für eine Welt ohne Hunger und Gewalt im neuen Jahr verstärken! Es muß ein Jahr der Menschlichkeit werden! Prosit!‹ – Aber jetzt paß auf: Ab morgen geht's wieder los. Da feilschen sie wieder um die Macht, da stehlen sie den Armen wieder das letzte Hemd, da rasseln sie wieder mit den Säbeln und schlagen sich die Köpfe ein. Vorbei das Geschwätz von Friede und Gerechtigkeit. Die große Ernüchterung kommt!«
»Ich glaube, meine Liebe: Das siehst du ganz falsch. Weihnachten und Silvester sind doch längst nicht die einzigen Gelegenheiten zum verbalen Orgasmus! Sie reden doch das ganze Jahr von Menschlichkeit, Freiheit und sozialem Ausgleich, während sie gleichzeitig foltern oder die Folterer unterstützen, während sie auf Kosten der Armen ihre Macht verstärken, während sie morden und unterdrücken!
Der einzige Unterschied ist: Im ganzen Jahr verteilt sich der Schmus etwas besser. Zum Jahresende dagegen treten die Lügen geballt auf und werden zur großen Heuchelorgie mit dem konzentrierten Friedens- und Liebeserklärungs-Besäufnis!

Das ist genau das gleiche wie mit dem richtigen Saufen. Seien wir doch ehrlich: Wir saufen ja das ganze Jahr. Aber Silvester besonders!«
»Jedenfalls ist es Zeit, zu normalen Verhältnissen zurückzukehren – im Lügen wie im Saufen.«

Behörde hat immer recht

(Hermann und Hermine, das Rentnerehepaar, führt mal wieder eines seiner aufschlußreichen Gespräche über die Welt, das Leben und die Sachen. Hermann versucht fernzusehen, Hermine liest die Illustrierte.)
Hermine: Hör mal, Hermann. Das gibt ja Lehrer! Solche Sturköppe. Der hat den Kindern was ganz Falsches beigebracht. Aber trotzdem hat er recht gekriegt.
Hermann: Lehrer hat immer recht!
Hermine: Aber so was Verrücktes: Hat den Kindern beigebracht – Bäcker heißt der Lehrer, Max-Planck-Gymnasium in Düsseldorf –, bei der Zinsberechnung wird von der Bank der Auszahlungstag nicht mitgerechnet.
Hermann: Na bitte. Lehrer hat immer recht.
Hermine: Nein! Weiß doch jedes Kind: Einzahlungstag rechnen die nicht für Zinsen: Auszahlungstag aber ja! Eins von den Kindern hat das in der Klassenarbeit auch richtig berechnet. Aber der Lehrer hat es dem Mädchen als Fehler angestrichen. Also hat ihr Vater den Lehrer darauf aufmerksam gemacht. Er soll den Fehler bei seiner Tochter wieder streichen. Aber der Lehrer, Bäcker, hat einfach gesagt: Wenn ich sag', die Kinder sollen den Auszahlungstag nicht mitrechnen, dann rechnen sie ihn auch nicht mit. Und basta!
Hermann: Sag' ich doch: Lehrer hat immer recht!
Hermine: Aber dann kann er ja auch gleich sagen: $2 \times 2 = 5$.

Und die Sonne ist viereckig! Lehrer hat die Vernunft doch nicht gepachtet! Aber der Vater von dem Mädchen ist da nicht mit durchgekommen. Hat also die Schule verklagt. Nützte nichts. Bescheid von der leitenden Regierungsschuldirektorin: Lehrer hat völlig korrekt gehandelt. Sollte eher Anerkennung kriegen als Kritik. Und der Vater hätte seine Tochter in einen »Autoritätskonflikt« gebracht.

Hermann: Richtig. Lehrer hat immer recht!

Hermine: Ach, hör doch auf mit deinem blöden »Lehrer hat immer recht!«. Beim Kultusministerium schließlich haben sie zugegeben, daß der Vater zwar recht hat, daß der Auszahlungstag mitgerechnet wird. Aber in der Klassenarbeit muß trotzdem ein Fehler angeschrieben bleiben.

Hermann: Ja. Lehrer hat immer recht. Merkst du das denn nicht, Hermine, daß das ein ganz toller Lehrer ist? Wenn er nachgegeben hätte, hätte die Tochter gedacht: Wer recht hat, kriegt auch recht im Leben. Und später – wenn sie dann mit der Behörde zu tun kriegt, mit der Polizei oder irgendeinem Amt: will sie immer auf ihrem Recht bestehen. Und dann merkt sie viel zu spät: hat ja gar keinen Zweck! Behörde hat immer recht. Und das kann einem Kind nicht früh genug beigebracht werden in der Schule, denn die soll ja fürs Leben sein.

Hermine: Donnerwetter, Hermann. Gar nicht so dumm. Da hast ja nun du wieder recht!

Küß die Hand, schöne Frauen!

Im Einkaufszentrum begegnete uns Frau Appel. Eine sportlich-attraktive – na, ich will mal sagen: Enddreißigerin. Eine Bekannte aus dem Sprachkurs.

»Ich wollte mir einen Rock kaufen«, sagte sie. »Aber die wollten mir unbedingt einen Mini andrehen. Fünf Zentimeter überm Knie. Weil das nun mal die Sommermode ist. Ich will aber nicht. Ich will einen Rock, der mir gefällt. Und nicht nur, weil er in Mode ist. Die haben mich angesehen, als hätte ich sie beleidigt!«

Ich hab' zwar nichts gesagt – aber irgendwie kam mir das merkwürdig vor.

Also habe ich Verena gefragt:

»Was hat sie denn gegen Mini? Das ist wirklich jetzt Mode. Hab' ich im Fernsehen gesehen, und sie kann es doch auch tragen. Kniefrei.«

»Darum geht's ja gar nicht«, hab' ich zur Antwort gekriegt. »Sie ist sauer, weil die behaupten, daß sie Mini tragen *muß*. Weil es Mode ist, verstehst du!«

»Nee, versteh' ich nicht. Die Mode wird doch für die Frauen gemacht. Ich meine, die sind doch immer ganz scharf darauf, nach der neuesten Mode gekleidet zu sein . . .«

»Ach, du – du lebst doch hinterm Mond!«

Begriffen hatte ich es immer noch nicht.

Und jetzt lese ich gerade in der Zeitung:

»Das Allensbacher Institut ermittelte in einer Repräsentativumfrage bei 2087 Frauen über 16 Jahren: Sie lehnen die neue Minimode ab. Nur 5 Prozent wollen ›ganz kurz‹ durch den Sommer gehen!«

Ja, hat man da Töne? Die Frauen lehnen die Mode ab! Darf sich die Frau denn überhaupt *dem* verweigern, was nun mal Mode ist? Das ist ja geradezu unerhört, ist das ja!

Erich Kästner hat noch geschrieben:

»Wenn's Mode wäre, Volapüx zu lernen
und sich die Nasenlöcher zuzunähen:
Morgen könnten wir's bei ihnen sehen!«

Und die Frauen von heute sagen einfach: »Rutscht mir doch den Buckel runter mit eurer Mode! Wir ziehen an, was uns gefällt!«

Also, wenn das keine Revolution ist!

Da muß ja allmählich der größte Pessimist anfangen, wieder an die Vernunft zu glauben – jedenfalls an die weibliche!

Jedes Jahr Allerheiligen

Allerheiligen war Christina auf dem Friedhof, um das Grab ihrer Mutter in Ordnung zu bringen.
Ich wunderte mich darüber. Christina hat mit Traditionen nichts im Sinn. Ich versuchte, sie ein wenig aufzuziehen:
»Na, auch an der Allerheiligen-Prozession teilgenommen?«
»Dazu mußt du folgendes wissen«, legte Christina gleich los: »Irgendwann Allerheiligen habe ich mit meiner Mutter mal einen furchtbaren Krach gehabt. Sie hat mich gefragt, ob ich wenigstens einmal im Jahr ihr Grab besuchen würde, wenn sie erst auf dem Friedhof liegt.

Da habe ich ihr ganz liebevoll erklärt: ›Ach, Mutter, das sind doch alles Äußerlichkeiten. Es gibt Völker, die legen ihre Toten auf einen Felsen, da werden sie dann von den Vögeln

gefressen; andere verbrennen ihre Toten auf großen Reisighaufen und zerstreuen dann die Asche in alle Winde; ich liebe auch verwitterte alte Grabstätten, über die Moos und Gräser gewuchert sind – aber was ich nicht leiden mag, ist diese Schrebergartengrabpflege, wie sie bei uns üblich ist. Ich bewahre dich in meinem Herzen und denke an dich – und zwar überall und nicht nur Allerheiligen.‹
Da war meine Mutter zu Tode beleidigt.
›Alles Ausreden! Du vergißt mich, wenn ich erst unter der Erde bin. Zum Friedhof kommst du nicht, weil du zu bequem dazu bist.‹
Da habe ich bei mir gedacht: Also gut, wenn ihr so viel daran liegt – dann verspreche ich es ihr eben. Wenn sie dann tot ist, merkt sie es ja nicht mehr. Ich habe also gesagt:
›Gut, Mutter, ich verspreche dir: Jedes Jahr besuche ich Allerheiligen dein Grab.‹
Aber meine Mutter war ja nicht auf den Kopf gefallen. Hat weitergeweint und gesagt: ›Ja, ja – das sagst du jetzt nur, weil du mich beruhigen willst. In Wirklichkeit denkst du: Wenn sie erst mal tot ist, merkt sie es ja nicht.‹
›Aber Mutter‹, habe ich da wieder gesagt. ›Ich verspreche es dir doch: immer Allerheiligen!‹ Und hab' natürlich trotzdem gedacht: Wenn sie tot ist, mache ich sowieso, was ich will.
Sie hat sich beruhigt und nichts mehr gesagt.
Zwei Jahre später ist sie gestorben.
Tja, und nun sitz' ich immer Allerheiligen einfach in einer Zwickmühle. Ich hab' das verdammte Gefühl, es wäre einfach zu gemein von mir, nicht hinzugehen. Sie kann sich ja nicht mehr wehren. Und außerdem will ich auch nicht, daß sie recht behält! Darum stelle ich mich jetzt jedes Jahr ans Grab und sage:
›Also bitte, Mutter, da bin ich! Was sagst du nun? Amen.‹«

Er sagt, sie hat gesagt, sagt er

Karl und Adele sind über zwanzig Jahre verheiratet. Ihre Streitgespräche sind Kunstwerke der verbogenen Logik. Das Typische daran ist, daß er immer schon vorher weiß, was sie gleich sagen wird.

Im Auto: Karl hat soeben die Bundesstraße erreicht. Er gibt nun etwas mehr Gas.

»Ich fahr' nicht zu schnell. Ich fahre genau 100«, sagt er plötzlich.

»Ja, ich sage ja auch gar nichts«, sagt Adele.

»Du wolltest doch gerade wieder sagen: Fahr nicht zu schnell.«

»Wollte ich nicht sagen.«

»Wolltest du doch sagen. Seh' ich doch an deinem Gesicht.«

»Ach was.«

Dann dauert es eine Weile.

Plötzlich Adele: »Fahr doch nicht immer so schnell, Karl!«

Zu Hause im Wohnzimmer: Karl holt sich die dritte Zigarre aus der Kiste. Adele sieht fern. Karl sagt, während er die Zigarre ansteckt:

»Ja, ich weiß: Ich soll nicht soviel rauchen.«

»Wer sagt das?«

»Du wolltest das gerade wieder sagen.«

»Ich hab' doch gar nichts gesagt.«

»Ich mecker' ja auch nicht dauernd über deinen Eierlikör. Da kriegt man nämlich auch Krebs von.«

»Was regst du dich auf? Ich hab' doch gar nichts gesagt!«

»Du wolltest gerade wieder sagen: Rauch nicht soviel!«

»Woher willst du wissen, was ich sagen *wollte*?«

»Natürlich wolltest du das sagen!«

»Ich *habe* es aber nicht gesagt.«

»Und ich lass' mir mein Vergnügen nicht verderben!«
»Das ist aber schon die dritte heute, Karl!«
Manchmal aber erreichen Karl und Adele wahrhaft einsame Höhen in ihrer Dialog-Logik.

In der Küche beim Essen: *Adele:* »Jetzt sag bloß nicht, ich hätte gesagt: Kaltes Bier ist ungesund.«
Karl: »Sag' ich ja gar nicht, daß du das sagst.«
Adele: »Wolltest du aber gerade sagen.«
Karl: »Wolltest du ja auch.«
Adele: »Was?«
Karl: »Sagen, daß kaltes Bier ungesund ist.«
Adele: »Hab' ich ja aber nicht gesagt.«
Karl: »Ich mag kein warmes Bier.«
Adele: »Aber kaltes Bier ist trotzdem ungesund. Ob ich es nun gesagt hab' oder nicht.«

Daneben

Ich sitze in der Kneipe und lese Zeitung. Am anderen Ende des Tisches sitzen Mann und Frau und reden miteinander. Ich will nicht hinhören, aber ich höre doch hin.
»Ob Hunde wohl wissen, wie gut sie es haben?« sagt die Frau zu dem Mann. Dabei guckt sie zu einem anderen Tisch, wo ein Hundchen gerade ein Stück Wurst von seinem Herrchen zugesteckt bekommt. »Ich meine, ob sie es wirklich begreifen, die Hunde, wie gut sie es haben?«
»Die Hunde im Tierheim oder im Versuchslabor haben wohl keinen Grund dazu.«
»Das meine ich doch nicht«, sagt die Frau, »ich mein', wenn sie es gut haben, ob sie es dann begreifen. Wo sie doch gar nicht nachdenken können.«
»Im Tierheim geht es ihnen nicht gut. Ob sie nun nachdenken können oder nicht.«

»Du hörst mir wieder nicht zu. Das meine ich doch nicht. Wenn es den Hunden im Tierheim gutginge, würden sie es dann begreifen? meine ich. Verstehst du?«
»Wie sollen denn Hunde, denen es im Tierheim schlechtgeht, wissen, ob sie es begreifen würden, wenn es ihnen gutginge?«
»Ach, Heinz, du hörst nicht zu, was ich frage. Nie hörst du zu.«
»Ich höre wohl zu. Aber du drückst dich nicht richtig aus.«
»Gestern, als ich dich gefragt habe, ob du lieber eine Frikadelle oder ein Kotelett willst, hast du auch nur gesagt: Schweinefleisch ist immer schädlich.«
»Ist es ja auch.«
»Danach hatte ich doch gar nicht gefragt.«
»Das sage ich ja gerade: daß du nie richtig fragst, was du eigentlich fragen willst.«
»Ich wollte einfach nur wissen, was du essen willst.«
»Dann hättest du das auch fragen müssen.«
»Dann hättest du ja doch nur wieder gesagt: Bratwurst mit Rotkohl.«
»Kann schon sein.«

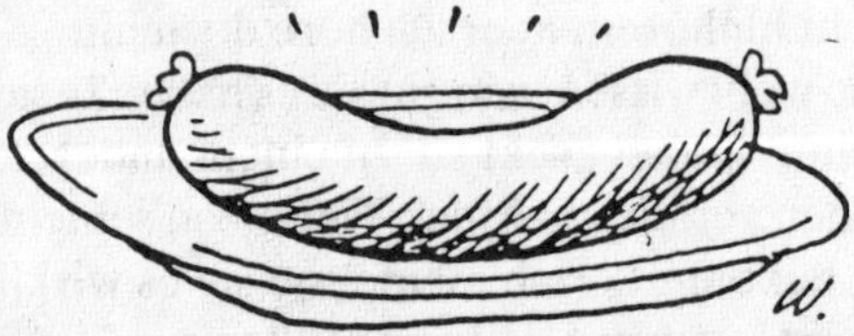

»Aber Bratwurst ist auch Schweinefleisch.«
»Ich hab' ja nicht gesagt, daß ich Schweinefleisch nicht mag, sondern daß es schädlich ist.«
»Nein, nein, du willst mir nicht zuhören. Was hat jetzt das wieder damit zu tun, daß ich dich vorhin gefragt habe, ob Hunde begreifen, wie gut sie es haben, wenn sie zum Beispiel eine Wurst kriegen, wie da von dem Herrn.«

»Das ist ja noch die Frage, ob das gut ist für einen Hund. Schweinefleisch ist nämlich für Hunde noch schädlicher.«
»Nein, Heinz, ich frage doch nur, ob sie es begreifen, begreifst du das denn nicht?«
»Wie soll denn ein Hund begreifen, ob Schweinefleisch schädlich ist, wenn noch nicht mal ein Mensch es begreift.«
Da habe ich mich woanders hingesetzt. Ob Hunde wohl begreifen, wie gut sie es haben?

K = A + 7

Rechtzeitig zum Beginn der Pfingstferien hat Eberhard Meier ein phänomenales Gesetz auf dem Gebiete der Geometrie entdeckt. Es handelt sich um das bisher ungeklärte Problem: Was ist die Ursache dafür, daß sämtliche Kofferräume aller Pkw denselben Rauminhalt haben? Die Autohersteller versuchen zwar, mit unterschiedlichen Literangaben dieses Gesetz zu ignorieren. Aber das ist nur ein Werbetrick.
Eberhard Meier ist methodisch vorgegangen. Er hat bereits in seiner Studentenzeit – als er mit Corinna im 2 CV nach Spanien fahren wollte – seine ersten Aufzeichnungen gemacht.
Corinna hatte damals schon wahrheitsgemäß behauptet: »Ich nehme wirklich nur das Allernötigste mit!«
Damals mußten jedoch zurückbleiben:
1 Saxophon, 1 Abendkleid, 1 Eierkocher, 1 Käthe-Kruse-Puppe, 1 zwölfbändige Brecht-Ausgabe, 1 Plattenspieler, 1 Katze.
Drei Jahre später waren Eberhard und Corinna schon Besitzer eines Peugeot 304. Eberhard hatte noch leichtsinnig behauptet: »Na, dieses Mal ist der Kofferraum wohl eher zu groß.«

Und Corinna sagte wieder: »Ich nehme wirklich nur das Allernötigste mit.«
Seltsam, rätselhaft. Zurückbleiben mußten:
1 Bratsche, 1 Abendkleid, 1 Kaffeemaschine, 1 Meerschwein, 1 Punchingball, 1 sechsbändige Ausgabe Meditation und Nirwana, 1 Frisierhaube.
»Wie kann das nur angehen?« schrie Eberhard.
»Ich hab' doch wirklich nur das Allernötigste eingepackt!« rief Corinna.
Und nun in diesem Jahr. Sie haben jetzt einen großen Volvo. Corinna hat nur das Allernötigste mitnehmen wollen. Es mußten zurückbleiben:
1 Rasenmäher, 1 Reisegarderoben-Schrank, 1 Frisierkoffer, 1 Kinderfrühstücksstuhl, 1 kleines Auto, 1 Reisefernseher, 1 Zentner Grillkohle.
Da hat Eberhard der Geistesblitz getroffen: Das ist wie mit der Lichtgeschwindigkeit! Die ja auch nicht vergrößert werden kann. Und er hat das Gesetz formuliert:
Der Kofferrauminhalt ist eine Raumkonstante. Sie läßt sich nicht vergrößern. Die Formel dafür lautet. $K = A + 7$. Wobei K Kofferraum bedeutet, A das Allernötigste und 7 – die Siebensachen, die nach dem Naturgesetz jedesmal übrigbleiben.

In vino veritas

In vino veritas, brutalis à votre santé! Ich erhe ... erhebe mein Glas '86er Beaujolais brutal – äh, nein –, Beaujolais brouilly auf alle unwissenden Beaujo ... Beaujolisten, die keine Zeitung lesen. Liebe Freunde im Beaujolais – ich sage euch: Alles Elend in der Welt kommt allein von der Erkennt ... Erkenntnis, hick, 'tschuldigung ...
Als Adam und Eva noch von nichts was wußten und hatten

keine Zeitung im Paradies – haben sie dasselbige für dasselbige gehalten. Und waren so glücklich. Santé! Kaum aber hatten sie vom Baum der Erkennt . . . Erkenntnis, hick, ’tschuldigung – also in den Apfel gebissen oder Zeitung gelesen – waren ihnen die Augen geöffnet – und schönes Paradingsda – dies wollt’ ich sagen – voll mit Raubtieren, Schmarotzern, verfaulten Früchten und giftigen Pilzen. War noch genau derselbe Garten wie vorher – aber fühlten sich nicht mehr wohl mit einem Mal. Alles durch verflixte Erkenntnis, hick, ’tschuldigung. Nur weil sie jetzt wußten, was sie vorher nie zu wissen, auch nur zu ahnen haben würden gekonnt. Nicht wahr.

Und so, liebe Freunde im Wein, liebe Beaujolisten, ist es mir jetzt ergangen, also daß ich vom Baume der Erkennt . . . er kennt? Er kennt was? – Wer kennt schon wen? – nis, jawohl! Jawohl getrunken habe – oder nee: gelesen! Statt zu trinken, zuviel gelesen. Hick.

Fünfzehn Jahre Beaujolais getrunken. Als in Österreich Glykolskandal war oder Methanol-Italo-Skandol – haben wir Beaujolaistrinker nur gelallt: Kann uns nie passieren. Fünfzehn Jahre Beaujolais – fünfzehn Jahre Kopfschmerzen – aber immer als Tribut an Bacchus oder Zeichen für Inspiration durch französischen Wein.

Aber jetzt, liebe Freunde – alles vorbei. In der Zeitung steht: Beaujolais, heiliger Beaujolais – gepanscht mit Rübensaft. Ganzer ’86er Jahrgang, alles gepanscht! 13,5 Grad Allo . . . – Allo hol. Wissenschaftliche Ana . . . Analysen, bis zu 72 Gramm Zucker pro Liter.

Also, liebe Freunde – trink’ ich mein letztes Glas Beaujolais mit Rübenzucker, à votre santé! Die verflixte Erkennt . . . Erkenntnis, hick, ’tschuldigung – hat wieder ein Paradies entlarv . . . lalala . . . larvt!

Denn im Wein, da liegt die Wahrheit. Aber warum muß die Wahrheit immer so brutal sein? Hick.

Entwöhnungsprobleme

Erika hat vor sechs Wochen geheiratet. Gestern hat Bärbel, ihre Freundin, sie besucht. Erika war gar nicht fröhlich.
»Ich glaub', ich lass' mich wieder scheiden.«
»Um Gottes willen. Du liebst ihn doch so.«
»Reiner ist ein Barbar. Ein primitiver Mensch! Es ist furchtbar.«
»Aber nein, Erika. Reiner ist doch sehr gebildet.«
»Gebildet! Du weißt doch, wie gerne ich koche. Ich hatte mich so darauf gefreut, für Reiner zu kochen. Aber da mache ich zum Beispiel Seelachs auf Blattspinat, in reiner Butter gedünstet, darüber gebackene Mandelsplitter – und kaum hat er probiert, sagt er: ›Hm. Sehr gut. Aber da fehlt noch was‹ – geht zur Küche und holt sich seine Plastikflasche mit Curry-Ketchup. Bärbel, ich bitte dich: Curry-Ketchup über den schönen Seelachs!«
»Igitt!«
»Oder ich mache gefüllte Auberginen mit Schafskäse überbacken, abgeschmeckt mit frischem Thymian. ›Hm‹, sagt er. ›Sehr gut. Aber da fehlt noch was‹ und matscht sich sein Curry-Ketchup über die Auberginen.«
»Arme Erika.«
»Ich kann kochen, was ich will! Cordon bleu mit gratinierten Kartoffeln. ›Hm. Da fehlt noch was‹, Curry-Ketchup über alles! Das ist doch barbarisch. Ich hab' es versteckt. Da ist er losgegangen und hat sich 'ne neue Flasche gekauft. Er braucht das, sagt er. Solange er allein gelebt hat, hat er es immer genommen.
Gestern wurde es mir zu dumm. Ich hab' überhaupt nichts gekocht. Hab' ihm einfach einen Klacks aus seiner Plastikflasche auf den Teller gedrückt. Weißt du, was er gesagt hat? ›Hm. Nicht schlecht. Kann ich ein Stück Brot dazu kriegen?«

»Aber Erika«, hat Bärbel ihre Freundin getröstet. »Weißt du denn nicht: Das ist eine weitverbreitete Seuche, eine schwere Geschmackserkrankung bei Männern, die lange allein gelebt haben. Diese Sucht kann man nur ganz langsam heilen und mit viel, viel Liebe. Mein Werner hatte diese Krankheit auch. Nur mit Mayonnaise. Ich habe drei Jahre gebraucht, ihn zu entwöhnen. Jetzt ist er trocken.«

Hab Vertrauen zu deinem Arzt!

Die Krankenkassen beschäftigen Detektivbüros, um dem Heer von betrügerischen Ärzten das Handwerk zu legen. Die Fälle der Doppelberechnungen, die erfundenen Behandlungen usw. gehen in die Tausende, die Schäden der Krankenkasse in die Milliarden.

Welch tragischer Konflikt aber dahintersteckt, wurde mir vor ein paar Tagen klar, als ich meinen Arzt, Dr. med. Pincett, aufsuchte. »Soso«, sagte Dr. Pincett, »Sie glauben also, eine Sehnenzerrung am Fußgelenk zu haben.« Dabei las er meine Karteikarte durch. »Vor sechs Jahren habe ich Sie einmal wegen einer Darminfektion behandelt.«
»Ja richtig.«
»Und welchen Arzt haben Sie inzwischen konsultiert?«
»Gar keinen. Ich war nicht krank.«

»Ach nein.« Dr. Pincetts Miene zeigte Enttäuschung. »Ich durfte Sie also vor sechs Jahren von Ihrer Infektion heilen. Zum Dank dafür waren Sie dann sechs Jahre gesund.«
»Ich war wirklich nicht krank, Herr Doktor.«
»Das kann gar nicht sein. Nach den Berechnungen meines Steuerberaters habe ich eine jährliche Umsatzsteigerung von zehn Prozent zu erwarten. Wenn alle meine Patienten gesund würden – wie soll ich da meine Abschreibungsmodelle finanzieren?«
»Ja, das tut mir sehr leid, Herr Doktor ...«
»Ach was! Sie gehören einfach zu dem Heer der Gleichgültigen, die sich an ihren Arzt nur erinnern, wenn sie krank sind. Ja, wenn es ihnen schlechtgeht, sind wir Ärzte gut genug. Danach vergessen sie uns dann. Woher, bitte schön, soll ich als Arzt dann noch ein Interesse daran haben, Patienten zu heilen?«
Ich glaube, er hatte eine Träne im Auge.
»Wenn ich jetzt zum Beispiel Ihre Zerrung heile, kommen Sie wieder sechs Jahre nicht zu mir. Nur wenn es mir gelingt, eine chronische Sehnenentzündung daraus zu ...«
»Herr Doktor«, rief ich voll Angst. »Könnten wir uns nicht einigen: Ich schicke Ihnen jedes Quartal meinen Krankenschein? Als kleinen Gruß, daß ich noch an Sie denke?«
»So ist's recht«, sagte Dr. Pincett. »Voraussetzung für die erfolgreiche Behandlung ist und bleibt nun einmal das Vertrauensverhältnis zwischen Arzt und Patient.«

Lied vom Absägen des Astes, auf welchem du sitzt

Es gibt ein Tier, das ist so dumm,
daß man's kaum glauben kann.
Es sitzt auf einem Ast herum –
und sägt daran.

Es macht auf seinem Ast sich breit,
hoch oben auf dem Baum,
und sägt am Ast die ganze Zeit.
Man glaubt es kaum.

Der Ast fängt schon zu knacken an.
Das Tier sägt unentwegt.
So stark, wie es nur sägen kann,
und sägt und sägt.

Angepackt! Zugefaßt!
Er ist noch nicht ganz durch, der Ast!
Laßt euch keine Angst einreden.
Fleißig sägen, sägen, sägen!
Sägt und sägt und sägt und schwitzt
an dem Ast, auf dem ihr sitzt!

Das Tier ist stolz auf sein' Verstand.
Weil der die Welt bewegt.
Es spuckt in seine linke Hand.
Die rechte sägt.

Das Tier liebt innig die Natur,
hat herrliche Ideen.
In einem Punkt nur ist es stur:
Das Sägen ist so schön!

Das Tier sagt selbst: Ich glaube fast,
daß bald mein Ast abbricht.
Und sitzt und sägt an seinem Ast.
Aufhören kann es nicht.

Richtig so! Zugefaßt!
Er ist noch nicht ganz dur . . . krrrrrr

Kapitel 6

Ich bin heut wieder schrecklich scharf – auf ein Restrisiko

Der AKAU fühlt sich verkannt

Diesmal war der AKAU sauer.
»Das mach' ich nicht noch mal«, hat er gesagt.
Ach – Sie kennen ihn noch gar nicht, den AKAU? Ich habe Ihnen doch schon erzählt:
Der AKAU ist dieses merkwürdige, boshafte Wesen, welches dafür sorgt, daß immer wieder genau das passiert, was eigentlich gar nicht passieren konnte.
Sagen wir mal: ein GAU.
Wenn alle Experten sagen: Ist gar nicht möglich. So was ist absolut ausgeschlossen.
Das reizt ihn.
Und schon sorgt er dafür, daß es doch passiert.
Tschernobyl, das war der AKAU.
Man kann den AKAU nicht sehen. Aber hören. Zum Beispiel aus dem Radio. Wenn man Ohren dafür hat.
Auch an kleinen Sachen hat der AKAU sein Vergnügen. Plötzlich läßt er mal ein halbes Kilo Plutonium verschwinden. Etwas, das absolut unmöglich ist. Hätte man vorher einen Experten der Atombehörde gefragt, hätte man zur Antwort bekommen: Das kann unmöglich passieren! Alles doppelt und dreifach gesichert.
Und plötzlich passiert es dann doch.
Ja, und nun ist er wütend, der AKAU.
»Ich habe eine tolle Leistung vollbracht. Etwas fast absolut Unmögliches! Aber keiner begreift, wie toll diese Leistung ist. Und daß es eigentlich gar nicht passieren konnte!«
Er kreischt vor Wut, der AKAU!
»Also – zuerst hatte ich mir vorgenommen: Ich lasse einen Jagdbomber auf ein Kernkraftwerk stürzen. Weil die immer sagen: So etwas kann unmöglich passieren.
Also dachte ich, das muß ich jetzt machen.
Aber als ich mir diese Sache näher ansah: Ursache und Wir-

kungsgrad – Anzahl der Tiefflüge, Anzahl der Kernkraftwerke – in Relation zur Gesamtfläche, habe ich sofort begriffen: Das ist doch nichts für mich. So was kann ja jeden Tag passieren. Wenn ein Jagdbomber abstürzt, ist es ja geradezu unmöglich, daß er *nicht* auf ein Kernkraftwerk kracht.
Also habe ich umdisponiert. Habe ich mir gesagt: Was kann so gut wie gar nicht passieren? Ganz klar: daß ein Jagdbomber direkt *neben* einem Kernkraftwerk runterkommt. Direkt daneben!
Verdammt, war das schwierig! So gut wie unmöglich! Aber ich habe es gebracht.
Ja, und nun? Niemand will meine Leistung begreifen. Darum sage ich dir: Das nächste Mal lasse ich so ein Flugzeug eben doch aufs Kernkraftwerk knallen. Das ist zwar kinderleicht für mich. Sozusagen überhaupt kein Kunststück. Aber wenn es nun mal mehr Wirkung hat!«

Janz anders

Im Foyer des Kabaretts »Die Stachelschweine« in Berlin hängt eine Uhr – die läuft verkehrtrum. Bestimmt haben Sie so eine Uhr auch schon mal gesehen: Die 9 ist rechts, und die 3 ist links. Die Zeiger laufen linksrum. Man ist immer wieder verblüfft, wenn man die Uhr ansieht. Sie zeigt die Zeit richtig an. Nur eben spiegelverkehrt.
Pussy, die Beleuchterin, lächelte und amüsierte sich, als ich mal wieder vor der Uhr stehenblieb:
»Kannste mal sehen«, sagte Pussy, »es könnte och janz anders sin!«
Verdammt: Da hat sie recht! Das ist doch nur von Menschen ausgedacht, daß die Uhr nur rechtsrum richtig läuft. Wir aber denken: So muß es sein, und anders geht es nicht.

In England fahren die Autos links richtig – und hierzulande wären sie Geisterfahrer!
Wenn es regnet, sagen die Leute: »Schlechtes Wetter!« In Dürregebieten in Afrika ist der Regen das beste Wetter, das man sich nur wünschen kann!
Mit einem Mal begreife ich auch den Berliner Taxifahrer: »Sie denken vielleicht, ick fahr' Sie durch Berlin. Ganz falsch: Berlin dreht sich um uns herum!«
Mir fällt wieder ein: Neulich stand ich mit Verena auf dem Flugplatz. Ein einziges Menschengedränge. Wir hatten Nathan, unseren Hund, dabei. Plötzlich sieht Nathan noch einen Hund. Und Nathan bellt! »Ruhig, Nathan!« schimpfte ich ihn aus.
»Stell dir vor«, sagte Verena, »du bist unter Hunderten von Hunden der einzige Mensch. Und plötzlich entdeckst du noch einen Menschen. Würdest du dann nicht ›Hallo!‹ rufen?«

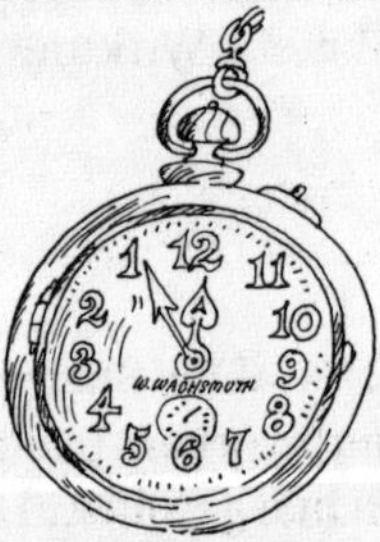

Man muß sich eben alles auch mal andersrum vorstellen.
Die Sonne geht unter? Irrtum: Die Erde dreht sich. Oben ist, wo der Himmel ist? Aber der Himmel ist auch unten!
Apropos Himmel: Die Frommen kommen zu Gottvater in den Himmel. Ja, das bilden wir uns ein. Vielleicht ist Gott gar kein Vater, sondern eine Frau. Und die ist ein lustiger Vogel – und kann die Frommen alle nicht ausstehen.
Oder wenn die Erde schon der Himmel ist – und wir sind nur zu dämlich, es zu merken?
»Kannste mal sehen: Es könnte och janz anders sin!«

Das Geheimnis der zweiten Socke

Wie schön, daß es auch in unseren aufgeklärten Tagen immer noch letzte Geheimnisse gibt. Der Orientierungsorganismus der Brieftaube, der Potentialwall beim radioaktiven Zerfall, die Befruchtungstechnik des violetten Korallenanbeters – und nicht zu vergessen: das große Mysterium der verschwundenen Herrensocke!

»Ich hab' schon wieder eine von deinen Socken übrig, verdammt noch mal«, flucht die Hausfrau. »Wie kann so was angehen? Ich weiß ganz genau: Ich habe eine gerade Anzahl in die Waschmaschine getan. Und jetzt ist eine Socke übrig. Das ist doch ein Wahnsinn!«.

»Liebling«, sage ich, »dieses Phänomen ist der Menschheit seit langem bekannt. Der Dichter Morgenstern hat uns bereits darauf aufmerksam gemacht, mit seinem weltbekannten Gedicht: ›Es gibt ein Gespenst/das frißt Taschentücher/es frißt sie aus dem Koffer/aus dem Bett/aus dem Nachttisch . . ./Mit 18 Tüchern/stolzer Segler/fuhrst du hinaus/aufs Meer der Fremde/mit acht bis sieben/kehrst du zurück/ein Gram der Hausfrau.‹«

»Taschentücher! Taschentücher! Das sind ja keine Paare! Aber Socken! Nehmen wir mal an, du hast eine Geliebte und mußt dich schnell anziehen, um wieder nach Hause zu kommen. Da könntest du vielleicht vergessen, deine Unterhose anzuziehen – aber doch nicht eine Socke. So was merkt man doch. Da kriegt man doch einen kalten Fuß. Und ich hätte sofort gesehen, wenn du einseitig barfuß im Schuh steckst!«

»Wahrscheinlich frißt sie die Waschmaschine. Maschinen haben auch Hunger.«

»Unsinn! Es muß doch eine Erklärung geben. Neulich habe ich eine übriggebliebene Socke zum Putzlappen degradiert. Drei Wochen später ist die andere Socke plötzlich wieder da.

Das ist doch gemein!«
»Hiervon, meine Liebe, spricht bereits der Dichter Ringelnatz. Er hatte einen Handschuh verloren. Nachdem er den anderen verbrannt hatte, war der verlorene wieder da. ›Im Dreierverband‹, schreibt Ringelnatz, ›da waren wir reich und mächtig/jetzt sind wir niederträchtig!‹«
»Sehr witzig! Und was mach' ich nun – mit dieser einen Socke?«
Da fiel mir nur noch ein: Warum soll nun ausgerechnet ich dieses Problem lösen, an dem alle vor mir gescheitert sind? Man hört ja auch sonst nicht auf mich, wenn ich meine Lösungen zu anderen weltbewegenden Problemen anbiete!

Plutonium verschwunden!

Als der »Spiegel« mal wieder rumgeschnüffelt hatte und herausfand, daß beim Hanauer Nuklearbetrieb ALKEM 500 Gramm Plutonium verschwunden waren, hab' ich mir so vorgestellt, wie den armen Leuten von ALKEM wohl zumute gewesen sein mag:
»Verdammt noch mal, Bohrmöller! Wieso fehlen da 500 Gramm Plutonium? Das muß doch festzustellen sein!«
»Entschuldigung, Chef. Ich hab' überall nachgeguckt. Mit dem Geigerzähler hinter den Regalen, sogar im Abstellraum. Aber nichts zu finden. Wir dachten schon, Frau Sievert, die Reinemachefrau, hätte das Plutoniumpulver mit dem Waschpulver verwechselt. Aber sie schwört, sie war es nicht.«
»Sie machen mich wahnsinnig! Es handelt sich um Plutonium, Mann! Das Zeug kostet Millionen!«
»Das hat sicher keiner geahnt, Chef. Wo es hier immer so rumsteht. Fräulein Schmidt hat allerdings früher mal gesagt, ihr wird immer schwindlig, wenn sie die Plutoniumdosen

umsortiert. Aber die ist ja schon lange weg. Ich glaub', die ist gestorben!«
»Bohrmöller! Wo ist das Plutonium? Wir kommen in Teufels Küche!«
»Also, Chef, ich will ja nicht petzen. Aber Frau Naumann aus dem Chemie-Sekretariat – ihr Sohn macht mit bei Jugend forscht –, sie sagt, er hat was ganz Großes vor, so was hätte noch keiner . . .!«
»Das ist ja entsetzlich! Der baut sich 'ne Atombombe!«
»Kann schon sein, Chef. Aber dann bleibt uns nichts anderes übrig: Dann müssen wir die Leute wieder kontrollieren beim Nachhausegehen. Und Sie wissen genau, Chef, das ist ganz bestimmt nicht gut fürs Betriebsklima!«

Das Märchen vom guten Soldaten

Der Weihnachtsmann ist eine Lichtgestalt, die man den Kindern nicht vermiesen sollte.
Die andere Lichtgestalt – ist der deutsche Soldat. Wow – wie haben sie alle aufgeheult, weil das Frankfurter Gericht einem Arzt das Recht zugestand, Soldaten »potentielle Mörder« zu nennen.
Sogar der Bundespräsident schaltete sich ein: »unverständlich und unbegreiflich«. Und unser (logischerweise) »potentieller Obermörder« und Pershing-Raketenfreak Manfred Wörner erließ einen »Tagesbefehl«.
Stillgestanden: »Die deutschen Soldaten dürfen auf ihren Dienst stolz sein! Lassen Sie sich nicht beirren durch törichte Meinungsäußerungen einer extremen Minderheit!«
Denn merke: Die Menschheitsgeschichte strotzt zwar von bestialischen Kriegen, von Militärwillkür, Eroberungs- und Vernichtungsschlachten: Aber so etwas kann einem deutschen Soldaten niemals passieren.

Zwar ist es gerade ein paar Jährchen her, daß deutsche Soldaten halb Europa in ein furchtbares Schlachthaus verwandelten – aber sie haben ja alle nur ihre Pflicht getan. Darum besteht auch eine Tradition zwischen Wehrmacht und Bundeswehr, die wir erhalten müssen. Damals waren deutsche Soldaten keine Mörder – Mörder sind pflichtvergessen, wer seine Pflicht tut, kann gar nicht morden, der begeht mehr eine weihevolle Handlung oder so was. Nein, Soldaten sind keine Mörder, damals schon nicht und heute natürlich erst recht nicht.
Zu Mördern können höchstens Soldaten der Nationalen Volksarmee werden (obwohl die ihrerseits davon überzeugt sind, daß sie, wenn sie mal schießen müssen, auch nur für den Frieden schießen). Vielleicht darf man sogar noch mal dran zweifeln, ob der amerikanische Vietnamsoldat wirklich nur ein gutes, heiliges Werk tat, als er den freien Westen im Napalm-Vernichtungskrieg ehrte. Aber so etwas kommt ja für den deutschen Soldaten nicht in Frage. Oder?
Nein, du deutscher Soldat, laß dich nicht irremachen! Der Minister hat gerade wieder eine atomare Nachrüstung gefordert. Das macht er aber immer nur, um die Abrüstung voranzubringen, mußt du bedenken. Mach dir auch keine Sorgen, deutscher Soldat, daß du im Ernstfall nur ein kleines, schnell verschmortes Rädchen bist im Getriebe der großen Overkill-Weltversaftungsmaschine, der wir unsere »Sicherheit« verdanken – was auch immer geschieht: Du bist und bleibst der gute, edle deutsche Soldat.
Eine Märchengestalt – wie der Weihnachtsmann.

Nur eines dürfte Franz Josef Strauß kränken ...

Ich befinde mich in einem Gespräch mit meinem seltsamen Bekannten, Herrn Z. Wir kommen darauf zu sprechen, daß

die Herren Baum und Hirsch von der FDP dem Strauß und der CSU vorgeworfen haben, sie stünden in bezug auf Südafrika auf der Seite der Unterdrücker.
»Franz Josef Strauß kann diese Feststellung doch nur begrüßen«, sagt mein seltsamer Bekannter. »Selbstverständlich steht er auf der Seite der Unterdrücker! Mit den Unterdrückten möchte er bitte schön niemals verwechselt werden.«
»Aber hören Sie, Herr Z.! In einer Demokratie, als demokratischer Politiker . . .«
»Demokratisch? Gerade hat Franz Josef einen Prozeß gewonnen. Der Schriftsteller Ralph Giordano darf nicht länger behaupten, Franz Josef sei ein Zwangsdemokrat. Das verstehe ich so: Er läßt sich eben noch nicht einmal zwingen, der Franz Josef, ein Demokrat zu sein.«
»Aber auch Franz Josef Strauß muß sich an die Verfassung halten, Herr Z.!«
»Ach, muß er das? Ich zitiere nur einmal zwei Grundsätze aus dem Katalog der Menschenrechte. Danach hat jeder Mensch Anspruch auf die Menschenrechte und Freiheiten, ohne irgendeine Unterscheidung, wie etwa nach Rasse, Farbe, Geschlecht usw. Außerdem hat jeder Mensch das Recht, an der Leitung öffentlicher Angelegenheiten seines Landes unmittelbar oder durch frei gewählte Vertreter teilzunehmen, und das durch ein gleichwertiges Wahlverfahren.
Was aber sagt Franz Josef Strauß?
›Die Erhaltung der Leistungsfähigkeit Südafrikas ist mit einer schwarzen Mehrheitsregierung nach dem Prinzip »One man, one vote« unvereinbar.‹
Das ist doch wohl eindeutig: weder demokratisch noch menschlich!
Nein! Franz Josef Strauß steht selbstverständlich auf der Seite der Unterdrücker. Nur eines dürfte ihn kränken. Daß darüber nun immer noch diskutiert werden muß!«

Ich fühle mich in meinem Glauben beschimpft!

Ich überlege mir, die katholische Kirche zu verklagen. Wegen Religionsverunglimpfung!
Das Internationale Russell-Tribunal befaßt sich gerade mit dem Urteil eines Würzburger Gerichts. Das Gericht hat im August 1987 zwei Journalisten zu 2400 Mark und 900 Mark Geldstrafe verurteilt. Wegen Religionsverunglimpfung.
Die Journalisten hatten einen Kommentar im Stadtmagazin verfaßt – zum Thema »Kardinal Höffner und die Grünen«. (Der inzwischen verstorbene Kardinal hatte bekanntlich den katholischen Christen geboten, die Grünen nicht zu wählen.) In ihren Kommentar schrieben sie, man möge sie nicht länger »mit einem gewissen Jesus von Nazareth nerven, der vor fast 2000 Jahren verblichen ist, nachdem er sich jahrelang an dem Wahn aufgegeilt hatte, der Retter der Welt zu sein«. Außerdem nannten sie in ihrem Artikel Kardinal Höffner einen »Oberguru der christkatholischen Sekte in der BRD«.
Das war zuviel. Sie wurden verurteilt nach Paragraph 166 Strafgesetzbuch, der da lautet:
»Wer öffentlich oder durch Verbreitung von Schriften den Inhalt des religiösen oder weltanschaulichen Bekenntnisses anderer in einer Weise beschimpft, die geeignet ist, den öffentlichen Frieden zu stören, wird mit Freiheitsstrafe bis zu drei Jahren oder mit Geldstrafe bestraft.«
Nun – ich denke mir: Dieser Paragraph gilt ja wohl zum Schutze *jeder* Weltanschauung!
Meine ganz persönliche Weltanschauung darf diesen Schutz also auch in Anspruch nehmen: Und sie lautet: »Jeder soll glauben und denken dürfen, was er will. Solange er nicht andere verfolgt oder umbringt, die etwas anderes glauben oder denken.«
Wenn ich mir nun ins Gewissen rufe, wieviel Blut und Qua-

len, wieviel Leid und Verderben gerade die katholische Kirche schon über die Menschheit gebracht hat (ich sage nur: Hexenverbrennung; Indio-Morde; Judenverfolgung), so fühle ich mich in meinem ganz persönlichen Glauben und Denken jedesmal beleidigt und beschimpft, wenn ich auch nur einen Bischof oder Kardinal in seinem prächtigen Gewande sehe.

O ja – alle haben das gleiche Recht. Aber die katholische Kirche hat natürlich noch ein Sonderrecht! Und so können sich Mitglieder einer Religionsbewegung, die die schlimmsten und grausamsten Verbrechen zu verantworten hat, entrüstet in die Brust werfen, wenn sie darauf hingewiesen werden – daß auch sie keinen Anspruch auf Alleinseligmachung haben!
Da tröstet mich nur noch – Matthäus 7/22-23:
Es werden viele zu mir sagen an jenem Tage, Herr, Herr . . . haben wir nicht in deinem Namen viele Taten getan? Dann werde ich ihnen bekennen: Ich habe euch nie gekannt; weichet von mir, ihr Übeltäter!

Gutachter müßte man sein

Wenn Sie heutzutage Ärger mit Ihrem Nachbarn haben – er zeigt Sie zum Beispiel an: Ihr Hund bellt zu laut. Was brauchen Sie dann? Einen Gutachter, einen Sachverständigen. Der arbeitet Ihnen eine Expertise aus, mit der Ihrem Hund bescheinigt wird, daß er überhaupt nicht bellen kann.
Voraussetzung für so ein Gutachten ist allerdings, daß es von einem Fachmann ausgestellt wird.
Wen nehmen Sie also als Gutachter?
Einen Lärmschutzingenieur? Um Gottes willen! Was hat denn der für ein Interesse an Ihrem Hund!
Sie beauftragen natürlich den Hundezüchter, bei dem Sie Ihren Rassehund gekauft haben. So ein Mann versteht doch etwas von Hunden, von der Bellhäufigkeit, dem rassebedingten Leisebellverhalten unter besonderer Berücksichtigung des Schwanzwedelausschlagens als Bellkompensationshandlung.
Wenn Ihr Nachbar dagegen mit einem Geräuschgutachten von einem Schallmessungsingenieur auftaucht, hat er schon verloren.
Ich kenn' den Maschinenbauingenieur Reiner G., der sich vor dem Arbeitsgericht verteidigen mußte, wegen Alkoholgenusses am Arbeitsplatz. Natürlich hat Reiner G. sich ein Gutachten ausarbeiten lassen.
Dem Gericht wurde bescheinigt, daß Reiner G. auf keinen Fall als Alkoholiker zu bezeichnen ist. Im Gegenteil: Seine physischen und geistigen Kräfte kommen überhaupt erst nach dem Genuß einer Mindestmenge von zwei Korn und vier halben Litern voll zur Entfaltung. Reiner G. ist ein sogenannter Unternormalniveautrinker – das heißt, ohne Promille ist er »unternüchtert« –, er erreicht den sogenannten »nüchternen« Zustand, also sein Normalleistungsniveau, erst nach Zuführung der oben genannten Alkoholmenge.

Das Gericht hat das Gutachten selbstverständlich anerkannt. Es war ja von einem Fachmann ausgestellt – nämlich von dem Gastwirt Werner Moser, bei dem Reiner G. seinen Stammtisch hat.
Das glauben Sie nicht? Dann haben Sie keine Ahnung von der sogenannten Gutachterpraxis.
Also – Bundesforschungsminister Riesenhuber, zum Beispiel, hat die Schweizer Motor Columbus Ingenieur Unternehmung AG beauftragt, ein Gutachten über die Sicherheit des Schnellen Brüters in Kalkar auszuarbeiten. Na ja – das Gutachten fiel hervorragend aus. Die Motor Columbus empfahl, den Schnellen Brüter sofort in Betrieb zu nehmen. Und die Motor Columbus muß das wissen. Sie betreibt selbst ein paar Atomkraftwerke und ist als Hauptaktionär der Schweizer Elektrizitätsgesellschaft am Atomstromgeschäft dicke beteiligt!
Sehen Sie da irgendeinen Unterschied zum Gastwirt Werner Moser?

»Tisch mit Tischtuch ohne Tischtuch«

Toni G., in einschlägigen Kreisen bekannter Kunst- und Gemäldedieb, sitzt bei sich zu Hause und liest die Zeitung. Auf seinem Sofa liegt zusammengefaltet ein rotes Tuch.
Da plötzlich fällt sein Blick auf die Zeitungsmeldung, die er gesucht hat:
Tischtuch gestohlen, Kunstwerk entwertet.
Durch Diebeshand ist am vorletzten Tag der Ausstellung »Möbel als Kunstobjekt« eines der gezeigten Werke entwertet worden. Wie das Kulturreferat mitteilt, nahm am Samstag ein Besucher von dem Objekt des Düsseldorfer Künstlers Reiner Ruthenbeck »Tisch mit Tischtuch« das dunkelrote Tischtuch ab und schmuggelte es vermutlich unter dem Mantel aus den

Ausstellungsräumen. Die Leihgabe des Bonner Kunstmuseums hatte einen Versicherungswert von 35 000 Mark ...
Bis hierher lächelt Toni noch hochzufrieden. Aber dann liest er weiter:
... während das Tuch, das etwa 2,50 Meter lang ist, nur ein paar Mark wert ist. Deshalb hofft man beim Kulturreferat, daß der Täter sich vielleicht nur einen Jux machen wollte und das Stück Stoff zurücksendet!
»Wie bitte? Was ist das?« schreit Toni jäh und springt wütend auf. »Einen Jux? Ich habe das verdammte Tischtuch für meinen Auftraggeber in den USA organisiert. ›Bringen Sie mir das Tuch vom Ruthenbecker Tisch mit Tischtuch‹, hat er gesagt. Das Tischtuch ist genausoviel wert wie der Tisch. Und jetzt soll plötzlich nur der Tisch was wert sein?
Das Tischtuch gehört doch zum Kunstwerk! Ohne das Tischtuch ist der Tisch doch nicht mehr das Kunstwerk ›Tisch mit Tischtuch‹!
Daß ein Tisch mit Tischtuch ein Kunstwerk ist – versteh' ich ja sowieso nicht. Früher habe ich klassische Werke geklaut. Das war einfacher.
Aber bitte schön – ihr habt den Tich mit Tischtuch zum Kunstwerk erklärt. Mir kann's ja nur recht sein, hat unsereiner was zu tun.
Aber hinterher einfach einen Teil des Kunstwerks wieder zum Tischtuch, zum einfachen Tischtuch zu erklären – nee, meine Herren, das können Sie nicht machen! Da kann ich ja genausogut behaupten, Ihr Tisch ohne Tischtuch ist nichts mehr wert. Was sieht man denn vom Kunstwerk, wie? Das Tischtuch und sonst bloß ein paar Beine, die unten rausgucken.
Wißt ihr, was ich jetzt mache? Ich kauf' jetzt selber einen Tisch. Und den bringe ich meinem Auftraggeber und sage ihm: Das ist jetzt das Kunstwerk ›Tisch mit original Tischtuch‹. Und ihr könnt euer Kunstwerk von mir aus ›Tisch oh-

ne Tischtuch‹ nennen. Oder ›Tisch mit abhanden gekommenem Tischtuch‹. Und wenn ihr ein neues Tuch auf den Tisch legt – dann werde ich in der ganzen Kunstwelt bekanntgeben: Das ist nicht das Original!
Wenn ein Tischtuch erst mal zum Kunstwerk erklärt worden ist – da kann es auch nie wieder ein einfaches Tischtuch werden! Was man in die Welt gesetzt hat als Kunst – das kann man nicht einfach wieder entkunsten!«

Freut euch für den Kardinal

»Also – was sich da jetzt abspielt zur Beisetzung von Kardinal Höffner, das empört mich«, schimpfte mein seltsamer Bekannter, Herr Z., auf unserem gestrigen Spaziergang. »Religiöse Gefühle muß man respektieren. Man darf sich weder darüber lustig machen noch die Gläubigen verhöhnen!«
»Meine Güte, was ist geschehen?«
»Haben Sie es denn nicht gelesen? Von überallher gehen Beileidsbriefe an das erzbischöfliche Generalvikariat ein: ›Unser tiefempfundenes Beileid zum Tode des Kardinals.‹
Das ist doch die reine Beleidigung!«
»Entschuldigung – das meinen die Kondolierenden doch sicherlich aufrichtig?«
»Hören Sie! Der Kardinal geht in das Reich Christi ein. Er ist erlöst von diesem sündigen Erdendasein. Für dieses Ziel hat er gelebt, hat den Weibern entsagt, hat uns anderen Sündern gepredigt, daß es nur diesen einen Weg zur Seligkeit gibt und sonst keinen. Und jetzt, wo es soweit ist, daß er in die Herrlichkeit eintritt, schreiben diese Leute Beileidstelegramme. Das ist doch beleidigend! Als wenn man einem Mann zur Hochzeit nicht gratuliert, sondern ihm herzliches

Beileid ausspricht! Geschmacklos, so was! Die gläubigen Christen müssen doch jubilieren und sich für ihren Bruder im Glauben freuen!«

»Ja, aber vielleicht hat doch im Angesicht des Todes jeder wieder Zweifel, ob es Gott überhaupt gibt. Sogar ein Weihbischof, sogar ein Kardinal«, sagte ich.

Da wurde Herr Z. rot vor Zorn.

»So dürfen Sie mit mir nicht sprechen. Dafür, daß niemand an Gott zweifeln darf, nicht mal an Maria oder am Heiligen Geist und an allen einzig wahren Wahrheiten der Kirche, hat sie Menschen zu Tode gequält, verbrannt, verfolgt, bestialisch umgebracht, das Recht, an Gott zu zweifeln, hat sie verwirkt – und somit ergibt es keinen rechten Sinn zu trauern, wenn ein Gottesmann gestorben ist.«

Super-Lady – Kunst am Bau

Als Karl-Ulrich M. an einem Aprilmorgen sein Haus verließ, schrie er plötzlich: »Martha! Sieh dir das an! So ein Schweinkram! Wenn ich diese Schmierfinken erwische!«

Denn an der Fassade seines grauen vierstöckigen Mietshauses ritt eine unbekleidete Dame auf einer staubsaugerartigen Rakete durch den Weltraum, umgeben von farbigen Sternen und Blitzen: »She is coming! Super-Lady!« stand in einer Art Schleife darüber.

»Sachbeschädigung ist das! Das ist immerhin noch mein Haus! Da kann doch nicht jeder hinschmieren, was er will! Ich werde Anzeige erstatten!«

Da sich jedoch die Fassadenreinigung verzögerte, ritt Super-Lady zwei Wochen später noch immer durch den Weltraum.

»Heute war ein Fotograf hier«, berichtete eines Abends Martha M. ihrem Gatten. »Der hat diese Weltraumfrau fotografiert. Das ist ein Graffito, hat er gesagt. Ein sehr seltenes: Er nimmt es in sein großes Buch auf: Graffito – Malerei des 20. Jahrhunderts. Das ist nämlich Kunst an unserer Fassade.«

Und als Karl-Ulrich M. auch noch in der Zeitung las: »Spray-Bilder werden immer mehr als Kunstwerke anerkannt – hat das Institut für angewandte Sozialforschung in Köln mit einer Untersuchung festgestellt«, siegte in Karl-Ulrich M. der Materialist über den Saubermann. Und so sagte dann Karl-Ulrich M.:

»Stell dir mal vor, Martha – wenn das wirklich Kunst ist: Dann wird ja unser Haus enorm im Wert steigen. Du hast doch neulich gesehen: Die Lilien von diesem van Gogh haben jetzt erst den höchsten Preis für ein Gemälde gebracht, den es je gab. Und damals wollte sie kein Mensch haben. Vielleicht verspekulieren sich heute alle, die ihr Geld zum Beispiel in Werke von diesem Beuys investieren. Die gelten vielleicht in zwanzig Jahren als ›etablierte Kunst‹. Und sind gar nichts mehr wert. Und nur diese freigestalteten Graffiti sind dann die wahre Kunst. Und vielleicht trägt gerade unsere Hausfassade das große Kunstwerk ›Super-Lady‹ – und eines Tages steht unser Haus unter Denkmalschutz und wird eine Fassade mit Millionenwert.«

Und als ihn gestern ein Mieter ansprach: »Wollen Sie diese Wandbeschmierung nicht mal wieder entfernen lassen«, entgegnete Karl-Ulrich M.: »Das ist Kunst, Herr Brinkmüller. Eines Tages werden auch Sie es begreifen.«

Erpressung aus Liebe

»Alfred, du brauchst endlich ein Paar neue Schuhe!« sagt Elisabeth zu ihrem Mann. Die beiden haben keine große Rente. Sie leben recht bescheiden in ihrer Zweizimmer-

wohnung. Aber sie verstehen sich gut, die beiden, mit »Churchill«, dem Kanarienvogel, und »Nauke«, dem Kater.
»Wieso denn neue Schuhe? Ich hab' doch zwei Paar. Mehr brauche ich nicht«, antwortet Alfred.
»Aber Alfred! Die braunen sind kaputt und die schwarzen unmodern.«
»Solange sie halten, sind sie modern genug.«
Elisabeth kennt das schon. Wenn sie ihren Alfred dazu bringen will, sich neue Schuhe zu kaufen, muß sie die »positive Erpressung« anwenden.
»Was mich betrifft: Ich hätte ja auch gern ein Paar neue Schuhe. Jetzt zum Winter.«
Sofort ist Alfred bereit. »Na klar. Dann gehen wir doch los und kaufen sie dir. Los, zieh dich an.«
»Nee, nee, Alfred, so nicht. Ich kauf' mir doch keine Schuhe, wo du viel nötiger welche brauchst.«
»Also dann meinetwegen«, sagt Alfred. »Wenn es dich beruhigt, kaufen wir mir eben auch welche.«
So kurbeln die beiden – aus purer Liebe – die Wirtschaft an.
Denn die Sache funktioniert auch umgekehrt.
Alfred bemerkt, wie Elisabeth vor einem Schaufenster stehenbleibt und einen Mantel betrachtet.
»Schöner Mantel«, sagt sie. Mehr nicht.
Zu Hause fängt Alfred plötzlich an, an seiner Hausjacke rumzunörgeln:
»Hundertmal genäht ist das Ding. Irgendwie wärmt sie auch nicht mehr. Ich möchte mir am liebsten 'ne neue kaufen.«
Elisabeth ist gleich Feuer und Flamme und will sofort mit ihm los.
»Dann können wir dir doch auch gleich einen Wintermantel kaufen? Was meinst du?« fragt Alfred.
»Ist doch viel zu teuer.« – »Na gut, dann brauche ich auch keine Jacke.«

Und schon ziehen sie los – und Alfred besteht darauf, erst mal den Mantel zu kaufen. Elisabeth freut sich sehr. Daß Alfred dann beim Jackenaussuchen auch nicht *eine* gefällt – dafür kann er ja nichts.
Wieder zu Hause, dämmert es Elisabeth.
»Ich glaub', du hast mich reingelegt, Alfred.«
»Aber Liesel! Was denkst du von mir«, sagt Alfred, zieht sich seine alte Jacke wieder an – und grinst sich eins.

Fröhliche Ostern zu Weihnachten!

Ich dachte: Ich träum'. Da stand doch tatsächlich ein Weihnachtsmann im Schaufenster.
»Das ist ja entsetzlich«, entfuhr es mir. »Ich dachte, bis Weihnachten hätten wir noch eine Galgenfrist.«
Aber Verena klärte mich auf:
»Es ist ja gar nicht gesagt, daß das ein Weihnachtsmann ist. Vielleicht ist es ein Osterhase.«
»Du meinst: weil die Schokoladenfabriken immer die unverkauften Osterhasen zu Weihnachtsmännern umschmelzen?«
»Bekanntlich waren die Osterhasen und Ostereier in diesem Jahr so gut wie gar nicht zu verkaufen – wegen der verstrahlten Milch. Es ist also damit zu rechnen, daß zu Weihnachten in größerem Umfang Osterhasen gewesene Weihnachtsmänner auftauchen.«
»Oh, wie gemein! Das sind dann in Wirklichkeit strahlende Osterhasenweihnachtsmänner?«
»Natürlich kann man auch Glück haben, daß man Weihnachtsmännerosterhasenweihnachtsmänner erwischt. Das sind die Weihnachtsmänner, die im vorigen Jahr übrigblieben und dann zu Osterhasen umgeschmolzen wurden!«
»Aber nein. Halt! Das waren ja dann Ostern Weihnachts-

männerosterhasen. Die hätte man doch auch Ostern essen können. Weil sie noch nicht verstrahlt waren!«
»Klar. Nur konnte man ihnen das ja nicht ansehen. Ostern haben sich sicher viele Schokoladenhersteller gewünscht, sie hätten die Weihnachtsmänner nicht umgeschmolzen, dann hätten sie Ostern wenigstens Weihnachtsmänner verkaufen können!«
»Richtig! Wenn ich Schokoladenhersteller wäre, würde ich diese Weihnachten Osterhasen vom vorigen Jahr anbieten. Die unterscheiden sich von den Weihnachtsmännern und von den umgeschmolzenen Osterhasen als Osterhasen zu Weihnachten: garantiert unverstrahlt!«
»Oh, nein, so einfach ist das nicht. Es war ja auch schon ein Teil der Weihnachtsmänner aus dem vorigen Jahr verstrahlt. Wenn die nun zu Osterhasen umgeschmolzen wurden, können sie mit Recht als Osterhasen aus dem Vorjahr verkauft werden, obwohl sie trotzdem verstrahlt sind – nämlich als Weihnachtsmänner.«
Wir gingen in den Laden und fragten nach dem Schokoladenweihnachtsmann. Da sagte die Verkäuferin:
»Das war mal ein Osterhase aus dem Jahre ’85. Der ist zum dritten Mal zum Weihnachtsmann umgeschmolzen, nachdem er dreimal Osterhause war. Ein Osterhasenweihnachtsmannosterhasenweihnachtsmannosterhasenweihnachtsmann! Bißchen schimmelig im Geschmack. Aber garantiert unverstrahlt!«

Das Lied vom AKAU

Daß ein Kernkraftwerk in die Luft fliegen kann,
also, da glauben Sie doch wohl selber nicht dran.
Mathematisch ausgedrückt liegt das Restrisiko
bei eins zu hundert Millionen irgendwo.

Daß ein Sicherheitssystem mal defekt ist, gut und schön –
aber dafür gibt es dann ein zweites Sicherheitssystem.
Die müßten dann schon beide auf einmal havariern.
Zwei Zufälle gleichzeitig – das kann nicht passieren.
Oder, statistisch gesprochen, klipp und klar:
Dieser Fall ist empirisch vernachlässigbar!

Ich bin der AKAU. Ich bin der AKAU!
Siebzehn minus Grün sind dreißig Ohm.
Ich bin der AKAU. Ich bin der AKAU!
Ich fress' ein ganzes Pfund Gravitation.
Ich schreite niemals nicht durchs All.
Der Zufall ist mein Überall.
Quantensprung plus Halbwertzeit.
Potenziert mit der dreifachen Sicherheit.
Eins, zwei, drei, vier, fünf, sechs – oh!
Ich bin heut wieder schrecklich scharf auf ein Restrisiko!

Daß ein Mann sich sterilisieren lassen kann –
und ein Jahr darauf stellt er dann fest, dieser Mann:
Ich hab' mit meiner Frau noch einen Sohn gezeugt,
also das ist doch was, wo einfach jede Logik schweigt.
Daß im Lotto einer eine ganze Zahlenreihe tippt
und sechs Richtige hat, wenn's das wirklich einmal gibt,
dann wäre das so unwahrscheinlich, daß der Fall auch dann
in zehn Milliarden Jahren nicht mehr vorkommen kann.
Daß ein Flugzeug auf ein' Kernreaktor kracht,
ist ein rechnerischer Wert, der Null ausmacht:

Ich bin der AKAU! Ich bin der AKAU (usw., wie oben)

Kapitel 7

Sie hätten deine Mutter als Hexe verbrannt

Fleisch essen und Blut trinken

Manchmal führe ich mit meinem seltsamen Bekannten, Herrn Z., interessante Gespräche über Metaphysik und so weiter. Gestern sagte ich zu ihm:

»Haben Sie gelesen: Sprecher der katholischen Kirche warnen jetzt besonders vor den Gefahren des Okkultismus. Harald Baer von der katholischen sozialethischen Arbeitsstelle Hamm, zum Beispiel, oder Hans Liebl von der Erzdiözese München und Freising.«

»Okkultismus ist die Lehre, daß es verborgene, naturwissenschaftlich nicht einzugliedernde Tatsachen der Natur und des Seelenlebens gibt«, sagte Herr Z. dozierend.

»Und das kann gefährlich werden?«

»Nun, es nimmt hin und wieder makabre Formen an. Zum Beispiel gibt es eine Gotteslehre, bei der von ihren Anhängern während einer okkultistischen Zeremonie das Blut des Gottes getrunken wird.«

»Wie furchtbar. Richtiges Blut?«

»Jawohl. Das richtige Blut. Die Mitglieder dieser – nun ja – okkulten Bewegung essen auch das Fleisch ihres Gottes auf.«

»Mein Gott, das ist ja Kannibalismus! Kein Wunder, daß die katholische Kirche da warnt! Richtig das Fleisch?«

»Jawohl, das richtige Fleisch! Und das sogar in doppeltem Okkultismus. Das Blut wird nämlich als Wein eingenommen – aber es IST Blut. Das Fleisch wird als Brot eingenommen – aber es IST Fleisch. Es verwandelt sich dann aber vor der Verdauung noch wieder zurück in Brot bzw. Wein, damit der Anbetende nicht den eigenen Gott ausscheidet.«

»Ach so, Herr Z.! Hahaha! Sie sprechen vom Abendmahl! Das ist doch nur symbolisch gemeint!«

»Oho, keineswegs, mein Lieber. Die Römische Kirche bleibt streng dabei: Die geweihte Hostie ist nicht ein Symbol

Christi, sondern Christus selbst. Das ist ein Dogma seit dem 4. Laterankonzil im Jahre 1215. Wer es nicht glaubt, ist verdammt!«

»Gut, gut! Aber mein lieber Herr Z., das sind Glaubenssachen. Da sollte man sich nicht hineinmischen.«

Herr Z. lächelte fein.

»Ja eben. Darum erwähne ich es ja auch gerade. Weil es mich immer wieder sehr amüsiert, wenn ich höre, daß die katholische Kirche vorm Okkultismus warnt.«

Der Alptraum des Brigadegenerals

Brigadegeneral Zedler muß einige schlaflose Nächte hinter sich haben!

Erst diese Ungeheuerlichkeit mit diesem Wort »Soldaten sind potentielle Mörder«. Daß er so etwas lesen muß und nichts dagegen machen kann! Wie muß er sich da vorkommen? Der Brigadegeneral! Als Mörderkommandeur etwa? Weit haben wir's gebracht mit dieser verflixten Demokratie!

Aber nun das Allerschlimmste: Der General liest in der Zeitung: Die Grünen wollen ein Deserteurdenkmal am Gasteig aufstellen! »Dem Antihelden, Deserteur aller Kriege«, gegenüber dem Bürgerbräukeller ausgerechnet, wo dereinst unser geliebter Führer ... äh ... na ja – eine historische Stätte immerhin.

Der General könnte platzen vor Wut. Ein Denkmal für Kameradenschweine und Feiglinge.

Der General schreibt einen geharnischten Leserbrief:

»Fahnenflucht ist eine verwerfliche Handlung! Sie ist das schmähliche gemeine Im-Stich-Lassen der eigenen Kameraden ... So ein Denkmal wäre das Monument unserer verhöhnten Rechtsordnung!«

Und es interessiert den General nicht, daß der Fahnenflüchtige im Dritten Reich vor der Fahne mit dem Hakenkreuz geflüchtet ist. *Fahne ist Fahne!* Sie sollen ihm bloß nicht kommen mit: Der wahre Held des Zweiten Weltkrieges war der Deserteur – weil der sich geweigert hat, den Wahnsinnskrieg des Größenwahnsinnigen mitzumachen. *Krieg ist Krieg.* Befehl ist Befehl. Wo kämen wir denn hin, wenn die Soldaten anfingen, nach Recht und Unrecht zu fragen!

Der Deserteur ist schlimmer als jeder andere Verbrecher, denkt der General, schlimmer als jeder Mörder!
Verdammt – da kommt dem General ein schrecklicher Gedanke:
Das Wort vom *»potentiellen Mörder«* kann er noch so eben und eben vertragen. Was soll's. Im Krieg wird eben gemordet. Und basta! Wie aber, wenn einer dieser Friedensschwärmer auf die teuflische Idee käme, zu sagen:
»Jeder Soldat ist auch ein potentieller Deserteur?«
»Nein! Das darf nicht geschehen!« denkt der General und zittert vor Erregung. »Dann schon lieber Mörder! Dann schon lieber Mörder!«

Mein traditionelles Ausstattungsstück

Verena hatte Kalbsbraten gemacht. Dazu Semmelknödel. (Ich weiß, Karl Valentin: Es muß Semmelnknödeln heißen!)

»Kompliment, meine Liebe«, sagte ich mit vollem Mund, »die Semmelknödel sind ausgezeichnet. Selber gekocht?«

»Na klar«, freute sich Verena.

Dann wollte ich mir noch einen Knödel nachholen und machte mich auf zur Küche.

»Warte! Ich hol' ihn dir!« rief Verena. Aber es war schon zu spät. Ich sah sie im Kochtopf im Wasserbad schwimmen, die Klöße – schön verpackt in sogenannten Kochbeuteln. Zum Aufreißen.

»Selber gekocht sind sie trotzdem«, sagte trotzig die Hausfrau. »Du hast selber schuld, wenn du dir die Illusion zerstörst!«

Ich weiß nicht, warum, aber der nachgeholte Knödel schmeckte längst nicht mehr so urig, so echt.

Verena hat die Sache wohl lange gewurmt. Jedenfalls kam sie gestern mit einem Zeitungsartikel an: Containerbier aus Faßattrappen erlaubt!

»Ein Festwirt hat alljährlich zum Oktoberfest Bier aus 100-Liter-Holzfässern ausgeschenkt. Das heißt: Er hat so getan, als ob. In Wirklichkeit kam das Bier aus Containern mit 60 Hektolitern Fassungsvermögen, die im Keller standen. Es führte lediglich eine Leitung durch die leeren Holzfässer.

Ein nörgeliger Biertrinker kam dahinter. Er hat den Wirt verklagt – wegen Irreführung. Aber der 4. Senat des Bayerischen Obersten Landesgerichts sprach den Wirt frei. Weil es für den Bierverbraucher von heute nur auf ein einwandfreies Bier ankommt. Solche Holzfaßattrappen sind kein Betrug, sondern traditionelle Ausstattungsstücke. Die Verbrauchererwartung aber hat sich geändert!

»Das ist genau wie mit meinen Knödeln!« zog Verena die Moral. »Solange du sie für selbstgemacht gehalten hast, haben sie dir auch geschmeckt. Heutzutage kann man vom Verbraucher verlangen, daß er ein bißchen mitspielt. Und die Hausfrau, das merk dir, mein Lieber, ist im Rationalisierungszeitalter höchstens noch ein ›traditionelles Ausstattungsstück‹. Mehr darf man von ihr auch nicht erwarten.«

Liebe mit kleinen Pausen

Michael und Gudrun hatten geheiratet, nachdem sie beide schon eine Ehe hinter sich hatten. Aber nachdem sie zusammengezogen waren und jeden Abend miteinander verbrachten – sie gingen zusammen spazieren, ins Kino, in die Kneipe, zu Freunden –, machte Michael eine furchtbare Entdekkung an sich: Er hatte plötzlich ganz einfach das Bedürfnis, einen Abend allein zu sein, ohne Gudrun.
»Um Gottes willen«, fragte er sich, »geht das schon wieder los? Liebe ich sie nicht mehr?«
Da faßte er sich ein Herz: »Liebling, ich gehe heute mal allein weg. Ich komme erst spät wieder.«
Was Michael nicht ahnte – Gudrun hatte dasselbe Bedürfnis wie er: mal wieder einen Abend allein zu sein. »Ja gern«, sagte sie daher. »Mach dir einen schönen Abend.«

Das hatte Michael natürlich überhaupt nicht erwartet.
»Ach so«, sagte er. »Du freust dich, wenn ich nicht da bin?«
»Aber nein: Du willst doch ohne mich sein. Wenn du das mal brauchst: Das verstehe ich.«
»Denkst du etwa, ich liebe dich nicht mehr? Dann bleibe ich selbstverständlich bei dir«, sagte Michael.
»Aber nein, Schatz«, sagte nun wieder Gudrun. »Ich bin wirklich ganz froh, mal allein zu sein.«
»Aber wie kommt das?« fragte nun Michael. »Menschen, die sich lieben, wollen doch immer nur zusammensein. Ist unsere Liebe denn schon wieder erkaltet?«
Da dachte Gudrun einen Augenblick nach und sagte:
»Weißt du: Wenn wir immer nur zusammen sind, kann ich mich nie darauf freuen, daß du bald wiederkommst.«
»Ja, das ist es!« rief Michael. »Darum gehe ich ja auch nur weg: weil es so schön ist, wenn ich zu dir zurückkehre.«
So haben sie es nun schon seit elf Jahren gehalten. Manchmal ist Michael einen ganzen Tag und eine Nacht fort – wandert zum Beispiel durch die Heide. Dann fährt sie mal mitten in der Woche zwei Tage zu ihrer Freundin.
Aber immer, wenn man die beiden zusammen erlebt, sind sie glücklich und verliebt.
»Michael und ich«, sagte Gudrun, »das ist die ganz große Liebe. Aber welcher Mensch kann die große Liebe schon jeden Tag ertragen?«

Wer macht eigentlich Weihnachtsgeschenke?

Ich finde es so erfreulich, daß meine Freunde und Zeitgenossen alle so vernünftig geworden sind. Daß sie diese Konsumorgien nun endlich nicht mehr mitmachen!
»Wir machen Weihnachten überhaupt keine Geschenke«,

sagte mir neulich ein junger Radioredakteur. »Wenn alle sich etwas schenken, müssen wir es nicht auch noch tun. Meine Freundin und ich lesen uns am Heiligen Abend – Sie werden lachen – aus der Bibel vor.«
Nun, der Junge ist Pastorensohn. Also dachte ich: eine Ausnahme.
Aber nein: Ich habe in den letzten Tagen überhaupt nur Menschen kennengelernt, die vernünftig sind.
»Wir kaufen keine Geschenke. Geschenke muß man selber machen. Mit Liebe«, sagen Thomas und Jutta, engagierte Naturfreunde. Sie malt ihm eine Spanschachtel mit Bauernornamenten an. Er strickt ihr einen Pullover.
Holger und Lilo stiften einen größeren Betrag der Welthungerhilfe. »Geschenke? Die haben andere nötiger als wir.«
Und Manfred und Inge haben kategorisch erklärt: »Geschenke bekommen nur die Kinder. Und zwar in Maßen. Die haben ja sonst gar keine Freude mehr daran.«
Herbert hat erzählt: »Wir haben uns geschworen: Jeder bekommt nur ein Stück geschenkt. Und das darf nicht mehr als zwanzig Mark kosten. Nicht, weil wir kein Geld mehr haben. Sondern weil Weihnachten kein materialistisches Fest ist. Und für zwanzig Mark etwas zu finden: Da mußt du Phantasie entwickeln, mein Lieber.«
Ist das nicht schön? Überall Vernunft und Bescheidenheit. Die Menschen besinnen sich wieder auf den Sinn der Weihnacht.
Klaus und Karin sind Weihnachten sowieso im Urlaub. Und die Schraders aus dem Club haben erzählt: »Wir haben uns dieses Jahr die Sitzgarnitur gekauft. Das ist gleichzeitig unser Weihnachtsgeschenk.«
Hildi und Helga, die beiden alternativen Freundinnen, darf man auf Weihnachten überhaupt nicht ansprechen.
»Weihnachten? Was'n das? Wo findet das statt?«
Ist das nicht positiv? Alle sind sie vernünftig geworden!

Ich versteh' bloß nicht, was diese Menschenmassen in der City und in den Kaufhäusern eigentlich machen. Und was die alle in den Plastiktüten mit sich rumschleppen?

Kinder, holt die Schlitten raus!

Alfred Manglitz sitzt gestern im Sessel und liest die Zeitung. Plötzlich steht seine Frau vor ihm. Im Pelzmantel.
»He, was ist los? Willst du verreisen?«
»Ich gehe in die Stadt. Und anschließend mit Monika in den Tennisclub.«
»Ist es denn so kalt draußen?«
»Wieso?«
»Weil du den Nerz angezogen hast?«
»Es ist Winter, mein Lieber.«
»Ach ja. Aber doch noch so warm draußen. Ich glaube zwölf Grad oder so.«
»Ja und? Wie lange soll ich den Pelz denn noch im Schrank hängenlassen? Dazu haben wir ihn nicht angeschafft.«
»Nein. Aber – vielleicht sieht es doch ein bißchen merkwürdig aus – meinst du nicht? Bei diesen Temperaturen?«
»Ich lasse mir doch vom Thermometer nicht vorschreiben, welchen Mantel ich anzuziehen habe. Im Sommer hab' ich mich halb totgefroren auf Bernis Party in dem viel zu leichten Cocktailkleid. Da werd' ich ja wohl im Winter noch ein bißchen schwitzen dürfen im Pelz. Oder?«
»Richtig, mein Schatz. Außerdem kannst du den Mantel ja im Notfall auch über den Arm nehmen. Dann sieht man auch, daß du einen Nerz hast.«
»Deinen Spott kannst du dir sparen. Ich trage einen Wintermantel eben im Winter. Und wir haben Winter. Das kann ich beweisen!«
Frau Manglitz ist nicht die einzige konsequente Frau, die ich

in diesen schwülen Tagen gesehen habe. Gehen Sie mal in die Stadt: Jahreszeitbewußte Damen tragen jetzt den Pelz.
Und ich finde, es gibt keinen Grund, darüber zu lächeln. Opportunisten, Anpasser haben wir genug hierzulande. Man soll sich von äußerlichen Umständen nicht beeindrukken lassen.
Kinder, holt den Schlitten raus! Und die dicken Fausthandschuhe! Wachst schon mal die Ski. Fettet die schweren Wintertreter ein! Wenn wir uns ganz einfach an den Kalender halten, dann kommt er.
Morgen rieselt der Schnee. Denn es ist Winter. Ich kann es beweisen.

Beule oder Nichtbeule

Inge sagt neulich beim Frühstück zu Herbert:
»Wann läßt du eigentlich endlich mal die Beule aus deinem Auto machen?«
»Warum denn? Übermorgen hab' ich vielleicht 'ne neue Beule. Dann ärger' ich mich doch nur.«
»Du könntest ja vielleicht mal etwas vorsichtiger fahren.«
»Ist doch lächerlich. Wer heutzutage anständig Auto fährt, der hat auch Beulen am Auto.«
»Ich habe in dieses Auto noch keine Beule gefahren.«
»Natürlich nicht. Sag' ich ja.«
»Was soll das heißen, Herbert?«
»Ach, gar nichts, liebe Inge. Ich mein' ja nur: Wer zügig und flott fährt, wer viele Kilometer fährt und wer auch die kleinste Parklücke auszunutzen versucht – der hat natürlich auch die eine oder andere Beule am Wagen. Wenn ich mein Auto in der Garage lasse und vor lauter Angst nur sonntags fahre und immer schön langsam und verkehrsbehindernd – dann

hol' ich mir natürlich auch keine Beulen. Das ist wie im Krieg. Wer nicht an der Front war, hat auch keine Verwundung.«
»Ich bin aber ein friedlicher Mensch. Ich fühl' mich einfach nicht wohl in deinem Wagen mit so viel Beulen.«
»Ja, tut mir leid. Angenommen, ich krieg' ein neues Auto, da fühl' ich mich überhaupt erst wohl drin, wenn ich mir die erste Beule geholt hab'. Dann hab' ich meine Ruhe.«
»Nur komisch, daß jeder immer grinst über mich, wenn ich mit deinem Auto ankomm'. ›Na, hast ja ganz schön gebumst? Was sagt denn dein Mann dazu?‹ Ich krieg' automatisch die Schuld für deine Beulen.«
»Dann freu' dich doch, daß sie dir zutrauen, daß du so gut Auto fahren kannst.«
»Also nach deiner Logik, Herbert: Wer keine Beulen reinfährt, ist ein schlechter Fahrer?«
»Genau.«
»Und wie war das damals bei unserem vorigen Auto? Als ich beim Zurücksetzen die erste Beule reingefahren hab'? Getobt hast du!«
»Das war ja auch 'ne Beule aus reiner Dummheit!«
»Ach so – wenn ich keine Beule mache, kann ich nicht fahren. Wenn ich aber eine Beule mache, kann ich auch nicht fahren. Nur wenn du 'ne Beule machst ...«
»Jawohl! Meine Beulen und deine Beulen, das kann man ja wohl nicht vergleichen!«
Inge geht aus dem Zimmer. Draußen murmelt sie für sich: »Warum bin ich auch 'ne Frau geworden? Selber schuld.«

Mit Polizisten scherzt man nicht

(Hermann und Hermine, unser Rentnerehepaar, sitzen mal wieder auf dem Sofa und führen eines ihrer tiefsinnigen

Gespräche. Diesmal liest Hermine in der Zeitung. Hermann sieht fern.)

Hermine: Na, so was! In München haben sie zwei Schauspieler vor Gericht gestellt, weil sie zwei Polizisten gespielt haben.

Hermann: So? Haben die so schlecht gespielt?

Hermine: Nee. Im Gegenteil. So gut. In einem Stück von diesem Bert Brecht haben sie bei einer Aufführung im Freien zwei Polizisten gespielt. Da war ein Seil zwischen Zuschauern und Spielern. Aber die beiden haben die Polizisten so gut gespielt, daß die Leute sie für echt gehalten haben. Nur die Polizei – also, die wirklich echte – hat erkannt, daß es keine echten Polizisten sind, weil sie keine Hoheitsabzeichen an der Uniform hatten. Da haben die Polizisten die Polizisten festgenommen. Wegen Amtsanmaßung.

Hermann: Man muß natürlich erkennen können, ob ein Polizist echt ist oder nur gespielt.

Hermine: Aber im Ohnsorg-Theater ist doch auch so oft ein Polizist dabei. Muß man den denn nun auch verhaften?

Hermann: Unsinn. Im Ohnsorg-Theater merkt ja jeder, daß der Polizist nicht echt ist.

Hermine: Ja, weil die Polizisten da immer irgendwie nett sind. Sogar, wenn es ein ganz böser Polizist ist, kann man sich über ihn totlachen.

Hermann: Na bitte. Darum kann er auch nicht verwechselt werden.

Hermine: Aber es könnte doch auch mal in Wirklichkeit einen netten Polizisten mit Humor geben.

Hermann: Hab' ich noch nicht erlebt. Ein Polizist müßte ja umgekehrt immer Angst haben, daß man ihn für einen Schauspieler hält.

Hermine: Aber nein, Hermann. Die Schauspieler in München sind ja verklagt worden, weil sie zwei ganz echte, ganz sture Polizisten gespielt haben!

Hermann: Eben. Deswegen muß man das auseinanderhalten: Polizist waltet seines Amtes. Da gibt's nix zu lachen. Wenn aber mal einer ist, der bei einem Parksünder ein Auge zudrückt und guckt weg, wenn ein Hund auf die Straße macht, oder trinkt hin und wieder heimlich einen Underberg auf der Streife: Dann ist das kein Beamter, sondern ein echter Mensch und sollte sich lieber gleich beim Ohnsorg-Theater bewerben.

Die Antwort der Ampel

Mitten auf der Kreuzung Poppenbütteler Schleuse, auf der Verkehrsinsel stehend, habe ich das Erlebnis eines großen Verkehrsballetts mit symphonischer Ampelorgel.
Wie da die Auto- und Menschenströme im harmonischen Wechsel zwischen Grün, Rot und Gelb aneinander vorbeigeschleust werden: ein beeindruckendes Bild! Hier die Linksabbieger in Richtung Sasel, dort die Linksabbieger in Richtung Zentrum und gleichzeitig die Fußgängergruppen bis zur Verkehrsinsel; dann wieder die beiden Hauptverkehrsströme in Richtung Stadt und in Richtung Norden mit den Rechtsabbiegespuren in Gelb – alles das von einer harmonisch arbeitenden Ampelanlage dirigiert.
Nirgendwo entsteht ein längerer Stau. Alle Phasen scheinen dem anfallenden Verkehrsstrom zu entsprechen. Und die Fußgänger werden, wie das Volk Israel einst durch das Rote Meer, traumwandlerisch durch die verschiedenen Ströme geleitet.
Ich bin beeindruckt. Welch eine Technik. Welch sinnreiche Regulierung nach dem rhythmischen Puls der Verkehrsadern!
Ich grüße hinauf zu einer grün-gelb-roten Leuchtkette: »Meine Anerkennung! Gute Arbeit!« Sie aber hört mich gar nicht. Ist viel zu beschäftigt.

Zwanzig Minuten später: Szenenwechsel. Ich fahre auf dem Ring 2, kurz vorm Zubringer zur Autobahn, dort, wo eine Nebenstraße auf den Ring 2 trifft. Hier ist auch eine Ampel. Die hat die Aufgabe, den Verkehr aus der Nebenstraße in den Ring zu leiten. Aber dieser Verkehr findet so gut wie überhaupt nicht statt.
Und so erlebe ich jedesmal, wenn ich hier fahre, eine Demonstration des sinnlosen Befehlens und Gehorchens. Die Ampel springt auf Rot. Alles hält. Von rechts und links kommt gar nichts. Die Rotphase aber dauert lange. Dann springt die Ampel für kurze Zeit auf Grün, um den Hauptverkehrsstrom gar nicht erst richtig fließen zu lassen. Schon ist wieder Rot. Alles hält. Und keiner weiß, warum.
Ich rufe der Ampel, näher kommend, ärgerlich zu: »Du bist doch völlig überflüssig. Was willst du eigentlich?« Sie aber springt extra schnell auf Rot um und schreit mich an: »Halt!«
Und wie ich so extra lange ohnmächtig vor ihr halten muß, höre ich sie doch tatsächlich sagen:
»Wenn man nicht wichtig ist, muß man sich eben wichtig machen! Verstanden?«
Verstanden. So geht's nun mal . . .

Es geht eben auch anders

Ich glaube, ich war achtzehn. Begeisterter Leichtathlet. Zwar kein Hochspringer, aber doch hin und wieder beim Hochsprungtraining dabei.
Und Hochsprung, das ging so: den stumpfen Winkel zur Latte anlaufen, mit dem Sprungbein abstoßen, aber das Schwungbein hochhalten; sich dann flach über die Latte legen und das Sprungbein nachschwingen. Scherensprung hieß das Ganze.

Eines Tages – das vergesse ich nie – kam ein Neuer dazu. Der lief an – drehte sich unmittelbar nach dem Absprung mit dem Rücken zur Latte und versuchte, rückwärts rüberzufliegen. Die Latte fiel runter.
Großer Lacherfolg.
Aber der Typ hatte noch die Frechheit, uns zu erklären: Das sei eine neue Technik von einem Amerikaner. Fosbury hieße der. Und mit dieser Technik könne man größere Höhen erzielen.
Unser Trainer konnte nur den Kopf schütteln.
»Ich bin jetzt dreißig Jahre Leichtathletiktrainer. Aber solchen Blödsinn hab' ich noch nicht gehört. Das Rückgrat ist doch gar nicht biegsam genug. Da müßte man ja wie eine Rakete hochsteigen.«
Aber der neue Typ war nicht zu belehren. Er versuchte es immer wieder. Irgendwann überquerte er sogar eine beachtliche Höhe. Jetzt kamen andere und sagten zu dem Trainer:
»Wir sollten das auch mal versuchen.«
Aber der wurde nur wütend.
»So, wie wir es immer gemacht haben, so machen wir es auch weiter. Ich habe zwei Deutsche Meister im Scherensprung groß gemacht. Ich werde es ja wohl wissen.«
1968 holte sich ein gewisser Dick Fosbury in Mexiko die Goldmedaille im Hochsprung. Er überquerte die Latte rückwärts.
P.S.: Es kommt nämlich nicht darauf an, wie man die Latte überquert, sondern daß man sie überquert.

Waterkantgate

Zum besseren Verständnis der folgenden fünf Satiren:
Im Oktober '87 flog es auf: Der schleswig-holsteinische Ministerpräsident Uwe Barschel hatte sein Ehrenwort gegeben, nichts mit den kriminellen Machenschaften zu tun zu haben, die ein gewisser »Agent provocateur« mit Namen Pfeiffer dem Nachrichtenmagazin »Spiegel« verraten hatte. Die Beweise waren jedoch zu erdrückend. Barschel trat zurück und beging – allem Anschein nach – Selbstmord.

Dem Skandal folgte ein zweiter: wie nun die Regierungspartei versuchte, der SPD eine Mitschuld anzulasten. Der Agent Pfeiffer hatte nämlich schon einige Monate zuvor versucht, sich einem SPD-Mann namens Nilius zu offenbaren. Der hatte darüber geschwiegen – weil er nicht wissen konnte, ob es vielleicht eine Falle war. Auch die jämmerlichen Versuche der Kieler FDP, »den Saustall nicht mitzuverantworten« und dennoch einen Koben darin für sich zu behalten, waren absurdes, wahnwitziges Polittheater.

Und nicht zu vergessen – die Medienschelte des Kanzlers und des Finanzministers: »Alles eine Verschwörung der linken Kampfpresse. Aber, ach – die linke Kampfpresse hatte einfach zu viele Tatsachen vorzuzeigen.

Der einzige, der sich in dieser Affäre untadelig verhielt, war – der Wähler. Am 8. Mai 1988 gewann Björn Engholm mit überwältigender Mehrheit für die SPD die Neuwahlen in Schleswig-Holstein.

Schlag nach bei Shakespeare!

Als das Waterkantgate sich so allmählich aufbaute und immer mehr verfilzte und verhedderte, fiel mir etwas auf: Eigenartig, daß unter der Sonne, unter den Menschen immer wieder das gleiche geschieht. Ich lese bei Shakespeare, König Richard III., und finde dort:
Welch ein Schurke! Jedes Mittel war ihm recht, auf den Thron zu kommen.
Sein willfähriges Werkzeug, das war der skrupellose Herzog von Buckingham. Daß sich ein Herrschender überhaupt mit einer solchen miesen Kreatur umgeben konnte! Zuerst brauchte der König ihn für seine Verleumdungen, Intrigen und Morde. Und später hat er ihn dann eiskalt fallenlassen!
Vorher hat Richard dem Buckingham versprochen:
»Und wenn ich König bin,
dann geb ich dir die Graf-
schaft Herford!«
Aber bis dahin mußte der Buckingham noch viele falsche Zeugnisse und erfundene Aussagen besorgen. Einmal sagte der machthungrige Richard zu seinem Herzog Buckingham:
»Komm, Vetter! Kannst du
zittern, Farbe wechseln?
Mit ehrlichem Gesicht die
größten Lügen sagen?«
Und der lächelt untertänig und antwortet:
»Pah, ich tu's dem Tragödienspieler nach!
Zu jeder Zeit spinn ich
die feinsten Ränke!«
Ja, dieser Buckingham machte wirklich jede Schweinerei mit. Um das Thronfolgerecht zu beugen, mußte er den guten Ruf des Königs Eduard beschmutzen. An einer Stelle

sagte Richard zu seinem Spießgesellen Buckingham:
»Verbreite einen schlechten
Ruf von Eduard.
Ja, schildere seine schnöde
Üppigkeit,
sein viehisches Gelüst auf
fremde Weiber!«

Und Buckingham macht sich an die Arbeit. Richard aber spielt immer den Frommen, den Unschuldigen. Er tritt vor die Öffentlichkeit und sagt:

»In Fried und Freundschaft
will ich jedem
hier im Land verbunden
sein! Ich wünsche
aller guten Menschen Liebe.«

Schließlich schlägt dem Buckingham das Gewissen. Er will nicht mehr mitmachen. Er fordert von dem König nur noch das versprochene Herzogtum.

Und jetzt zu erleben, wie der König seinen Vasallen fallenläßt – das ist einfach zeitlos! Der König kennt ihn plötzlich nicht mehr. Und damit er nicht etwa noch lange ausplaudern kann, welche Verbrechen er alle im Namen des Königs getan hat – läßt er ihn kurzerhand köpfen.

»So rächt Euch nur und
spottet meines Falls.
Unrecht will Unrecht,
Schuld was ihr gebührt.«

Das sind die letzten Worte von . . . von . . .

Nicht wahr – eigenartig, wie unter der Sonne, unter den Menschen anscheinend immer das gleiche geschieht: Verrat und Ränkespiel – und Fallenlassen des Menschen, dessen Schurkerei man sich erkauft hat. Gestern Buckingham, heute ein Herr Pfeiffer –

Schlag nach bei Shakespeare!

Wahrheit zum Aussuchen

Sie kennen das jahrtausendealte Denkproblem:
Ein Fremder erreicht eine Insel. Ein Inselbewohner tritt ihm entgegen und sagt: Alle Bewohner dieser Insel lügen.
Da steht nun der Fremde und überlegt: Wenn der Inselbewohner die Wahrheit gesagt hat, dann ist er ein Lügner, denn er sagt ja, *alle* Inselbewohner lügen. Wenn er aber gelogen hat, dann hat er die Wahrheit gesagt und ist ein Lügner, denn er sagt: *Alle* Inselbewohner sind Lügner. Wenn er aber ein Lügner ist, dann sagt er die Wahrheit usw. usw.
Dieses klassische Paradoxon ist erst in unseren Tagen durch ein vielleicht noch verwirrenderes Paradoxon übertroffen worden:

Auf der einsamen Insel sitzt ein gewisser Klaus Nilius, beurlaubter Pressesprecher der SPD Kiel. Er läßt den Sand durch die Finger gleiten und spricht vor sich hin:
»Der Pfeiffer kam zu mir und sagte: ›Ich bin ein Fallensteller, ein bezahlter Lügner. Ich soll euch in einen Hinterhalt locken.‹
Da habe ich überlegt: Lügt er jetzt auch? Oder sagt er das erste Mal die Wahrheit?
Wenn er lügt, dann ist er kein bezahlter Lügner. Dann meint er es ehrlich. Wenn er es aber ehrlich meint, dann ist er ein

bezahlter Lügner und soll uns in einen Hinterhalt locken. Aber dann ist vielleicht gerade *das* der Hinterhalt, und wenn ich es melde, sitz' ich schon drin . . .«
So murmelt Nilius und stiert vor sich hin. Dann schreckt er plötzlich hoch und sagt: »Aber nein! Die von der CDU, die heute sagen: Der Pfeiffer lügt, wir glauben ihm kein Wort, die sagen doch: Das hätte der Nilius damals merken müssen, daß der Lügner, dem wir noch heute nicht glauben, die Wahrheit sagte, daß er ein Lügner ist.«
Klaus Nilius richtet sich auf und spricht in den Himmel: »Wenn ich aber jetzt merke, daß er zum zweiten Mal die Wahrheit sagt, wenn er sagt, daß mehrere CDU-Herren gewußt haben, daß Pfeiffer ein bezahlter Lügner ist, dann sagen sie zu mir: Wie willst du beweisen, daß er zum zweiten Mal die Wahrheit sagt, du hast ja auch beim ersten Mal, als er die Wahrheit sagte, daß er ein Lügner ist und Herren von der CDU es wissen, geglaubt, daß er ein Lügner ist und also nicht die Wahrheit sagt, daß er ein bezahlter Lügner ist . . . O Gott, ich werd' verrückt!«
Armer Klaus Nilius.
Merken Sie nicht: Gewissen Leuten kommt es doch gar nicht darauf an, die Wahrheit zu suchen. Es ist doch viel bequemer, sich die Wahrheit auszusuchen.

Verleumdung und Rufmord KG

»Hier Agentur für politische Verleumdung und Rufmord KG. Schlammberger am Apparat.«
»Lohmüller, Parteizentrale – Wahlkampfleitung. Wir sind entsetzt über die Höhe Ihrer Rechnung!«
»Augenblick. War das der Auftrag ›Gutaussehender Spitzenkandidat Sven Bergström, makellose Vergangenheit‹?«

»Wir haben lediglich drei von Ihren Vorschlägen zur Ausführung gebracht: den Kindersex, die Abtreibung bis zur Geburt und die Steuerhinterziehungsverleumdung! Das kann doch unmöglich so teuer sein.«
»Augenblick, mein Herr. Jetzt hören Sie mir mal gut zu. Sie sind hier in mein Büro gekommen. Hier vor meinem Schreibtisch haben Sie gestanden und gesagt, Sie brauchen unsere Hilfe. Sie hätten erfahren, daß wir die erste Agentur für politische Verleumdung in Deutschland sind und daß wir nach amerikanischem Vorbild arbeiten. Dann haben Sie uns Ihr Problem geschildert: ›Wir verlieren die Wahl‹, haben Sie gejammert, ›weil dieser Sven Bergström in jeder Beziehung sauber ist. Der sieht aus wie Cary Grant, führt eine glückliche Ehe und hat eine makellose Vergangenheit! Helfen Sie uns.‹
Darauf habe ich Ihnen garantiert: Wir machen Ihren Sven Bergström in sechs Wochen zu einem homosexuellen Sittlichkeitsverbrecher und Päderasten!«
»Ja, stimmt, aber ...«
»Lassen Sie mich ausreden. In der ersten Stufe wollten wir einen Fernsehspot schalten, in dem ein homosexueller Aids-Kranker sich für ihren Kandidaten einsetzt. Erzählt den Leuten, daß er sich zu den intimen Freunden Sven Bergströms zählt – und daß sie ihn wählen sollen. Kein Mensch hätte Ihrem Kandidaten mehr die Hand ...«
»Ja, aber ...«
»Nichts ja aber. Dann hatten wir einen Vorschlag Bergströms zur Rentenfrage fingiert: Lösung der Rentenprobleme durch großzügige Freigabe der Sterbehilfe! Ferner enthielt unser Konzept einen Altersheim-Besuch von Bergström. Wir hatten bereits arrangiert, daß er einen Rollstuhlfahrer die Treppe runterschubst. Der Rollstuhlfahrer war schon bereit. Das hätte eine Riesen-Pressekampagne gegeben: So geht Bergström mit Behinderten und Rentnern um!

Weiter, wie Bergström einen kranken Hund überfährt...«
»Ich weiß ja, aber...«
»Unser Konzept enthielt eine erstklassige Diffamierung der Ehefrau. Die Fotomontage für den Playboy: Frau Bergström nackt mit Peitsche auf dem schwarzen Ledersofa!« Aber wir haben uns aus Kostengründen eben nur für den Kindersex und die Abtreibung entschieden und...«
»Ja, verdammt – das ist doch Ihre Schuld. So eine Verleumdungskampagne ist ein Gesamtkonzept! Wenn man das auseinanderreißt, muß man sich nicht wundern, daß es nicht funktioniert. Aber unsere geistige Arbeit steckt drin – und die haben Sie zu bezahlen.«
»Und wenn wir uns weigern?«
»Versuchen Sie's mal. Wollen Sie, daß wir das Gesamtkonzept einem gewissen Nachrichtenmagazin zuspielen?«
»Nein. Ist ja schon gut. Wir bezahlen natürlich.«
»Und beim nächsten Mal gehen Sie nicht so halbherzig ran. Wer auch noch bei Rufmod zu geizig ist, muß sich nicht wundern, wenn er die Wahl verliert!«

Rufmord mit Garantie

Eine dunkle Gestalt mit Schlapphut steht im Büro der Firma Rufmord & Co. KG und hält dem Geschäftsführer Schlammberger einen Revolver unter die Nase.
»Die Schlampe hat gesungen. Wir hatten das Girl nach Ihrer Anweisung auf den Gegenkandidaten angesetzt. Sie hat ihn auf seinen Wahlveranstaltungen besucht. Sie haben sogar ein Glas Sekt zusammen an der Bar getrunken. Aber sie hat ihn nicht ins Bett gekriegt. Weil dieser Spießer seine Frau liebt. Das hat Ihre Superagentin derart frustiert, daß sie umgekippt ist. Die hat alles der Presse erzählt. Wir werden des

Rufmordes angeklagt. Ich will Sie erschießen, Schlammberger!«
»Aber mein Bester, dann ist doch alles in Ordnung.«
»Wollen Sie mich noch verhöhnen!«
»Ich habe Ihnen garantiert: Unsere Rufmorde gelingen immer. Verhalten Sie sich jetzt einige Tage ganz ruhig. Die Welle der Empörung verebbt. Es wird zwei, drei Rücktritte bei Ihnen geben müssen, aber eines haben Sie jetzt schon erreicht: Für die Öffentlichkeit ist klar, Ihr Gegenkandidat betrügt seine Frau.«
»Aber nein. Er ist absolut sauber.«
»Begreifen Sie doch: Nach einigen Tagen wird das Interesse für Sie, die Täter, erlahmen. Ihre Leute gestehen einfach ein, daß Sie zu weit gegangen sind. Sie übernehmen die volle Verantwortung und so weiter. Die ersten verständnisvollen Kommentare erscheinen: in der Hektik und Härte des Wahlkampfs und so weiter. Jetzt veröffentlichen wir eines der Fotos, die unseren Köder mit dem Kandidaten zeigen. Wir können beweisen, daß sie ihn drei- oder viermal in seinem Büro angerufen hat.«
»Ja, und was nützt uns das?«
»Die Psychologie des Menschen ist so gebaut, daß er schuldlose Opfer nicht leiden kann. Die Presse kommt sofort auf die tolle Idee: Hat der Kandidat etwas vom Komplott geahnt? Vielleicht sogar davon gewußt? Und eine Lawine bricht los: Das muß doch einen Grund haben, daß man ausgerechnet auf ihn ein Spionageflittchen angesetzt hat. Ist da nicht schon einmal vor seiner Ehe eine Affäre gewesen? Die Frage wird aufgeworfen: Wie weit war die sogenannte eheliche Treue des Kandidaten nur eine Herausforderung, die die Gegner verführen *mußte,* zu solchen Mitteln zu greifen.
Hilfreich ist in diesem Zusammenhang die Journaille des Opfers selber. Weil sie sich herausgefordert fühlt, sich ganz

besonders moralisch zu verhalten, fängt sie an, sich mit selbstkritischen Fragen aufzuspielen. Es widerspricht der Lebenserfahrung, daß der Kandidat nicht gewußt haben soll, was die Frau von ihm wollte. Was soll so eine Frau schon wollen? Also wollte er es auch. Und damit ist er mitschuldig.

Und ich garantiere Ihnen: Irgend jemand fordert seinen Rücktritt!«

»Hört sich gut an. Woher sind Sie so sicher?«

»Die Geschichte unseres Unternehmens geht bis in die Zeit der Hexenverfolgung zurück. Nie ist eine als Hexe verleumdete Person rehabilitiert worden. Wenn sie unschuldig war, das war immer noch das Schlimmste, was ihr passieren konnte. Und so ist das bis heute geblieben.«

Gut gewendet, Kanzler Wendelin!

»Wahrheit ist ein Hund, muß ins Loch geprügelt werden«, sagt der Narr zu König Lear.

Ich stelle mir vor, unser Kanzler hätte so einen Narren. Wie der wohl mit ihm reden würde?

»Ei, Kanzler, die Sachen stehen gut! Hopsala! Ihr habt die moralische Wende verkündet, als Ihr den Thron bestiegt – und Teufel noch mal, Kompliment, Meister Wendelin – alles ist gewendet. Schwarz ist weiß, und gut ist bös; die Lügner werden belohnt und die Belogenen bespuckt. Weiter so, Herr: Ihr seid auf dem falschen Weg – also auf dem rechten. Denn alles ist gewendet. Halleluja, trallala!«

»Werde deutlicher!« würde der Kanzler gravitätisch sagen und seine Sternenaugen strahlen lassen.

»Ihr müßt sagen: undeutlicher, Herr, wenn ich deutlicher werden soll. Nun denn:

Kompliment, Herr, bravissimo, wie Ihr gewettert habt über

die Unmoral der bösen Presseleute! Gut gewendet! Es ist einer in den Tod gegangen, der sich gefangen hatte in den selbstausgelegten Netzen der Verleumdung!
Ihr aber, o Majestät der Wende, Großmeister der Umkehrung – Ihr habt entrüstet gerufen: Die Medien haben ihn in den Tod gehetzt! Sie haben ihn fertiggemacht!
Gut verdreht, Majestät! Meisterhaft gewendet. Juppheidi!«
»Schweig jetzt, Narr!« würde der Kanzler jetzt wohl die Backen aufblasen.
»Also reden soll ich!« ruft der Narr. »Ei, Kanzler Wende, hört: Zum ersten Mal in unserem Land hat die Regierungspartei im Wahlkampf zu einwandfrei kriminellen Mitteln gegriffen. In der ungewendeten Welt müßte sie in Handschellen abgeführt werden. Aber – Hokuspokus, Wendelin: Schuld ist die SPD, die Presse, das Fernsehen – nicht die Partei der Lügner! Gut gewendet, fabelhaft!
In Schleswig-Holstein waren sie Eure gelehrigen Schüler. Es hat ihnen imponiert, wie Ihr die moralische Wende verkündet habt – und gleich gezeigt, was das ist: Briefumschläge mit Geld annehmen – und vergessen, wo sie geblieben sind, Blackouts haben zu Deutschlands düsterer Vergangenheit. Sie haben es Euch gleich tun wollen. Verzeiht, daß es einige noch nicht so gut konnten wir Ihr.«
Da würde der Kanzler den Narren natürlich köpfen lassen. Oder in Rente schicken, wie man heute dazu sagt.

Lied von den Hexen

Meine kleine Tochter hat mich gefragt:
»Papa, was ist eine Hexe?
Hexen sind böse, hat Wolfgang gesagt.
Papa, was ist eine Hexe?«

Eine Hexe . . . Wie soll ich es sagen dem Kind?
Hexen, die muß man verehren.
Weil Hexen gar keine Hexen sind.
Ich will es ihr anders erklären:

Wenn eine Frau so war wie deine Mutter –
und vertraute auf ihren Verstand –
wenn eine Frau so war wie deine Mutter –
keinen Menschen mehr wert als den anderen fand;
wenn sie von niemandem sich sagen lassen wollte,
was sie denken oder was sie glauben sollte –
dann war sie eine Hexe, eine Teufelsschand.
SIE HÄTTEN DEINE MUTTER ALS HEXE
VERBRANNT!

Kein Mensch hat Gott je gesehen, mein Kind.
Aber einige behaupten es eben.
Und daß sie allein von Gott auserwählt sind,
sich über alle andern zu erheben.
Und wollt eine Frau von dem Joch sich befrein,
nicht nur glauben, gehorsam und stumm –
dann war sie eine Hexe, da half ihr kein Schrein.
Sie brachten sie grauenvoll um!

Wenn eine Frau so ist wie deine Mutter –
lieber handelt als viel schwätzt –
wenn eine Frau so ist wie deine Mutter –
sich in Mutlangen vor das Raketenlager setzt –
weil sie meint: es darf kein Mensch sich schämen
sich das Recht, das ihm doch zusteht,
auch zu nehmen,
dann wird sie auch noch heute – auch noch hierzuland –
eine Hexe, eine böse Emanze genannt!

Nachwort

(von Jürgen Busche)

»Morgennatz und Ringelstern«

Wäre Matthias Claudius heute Satiriker geworden? Schon die Frage scheint Frevel zu bedeuten. Könnte »Der Mond ist aufgegangen« auf der Schreibmaschine eines frechen Spötters entstehen? – Nur da! Erst recht heute nur noch da, möchten wir rufen, obwohl wir die Mahnung des Dichters an seinen Sohn keineswegs vergessen haben: »Sitze nicht da, wo die Spötter sitzen.« Auch die Geschichte – sie bewegt sich doch.

Leider nicht zum Guten, sagt der Satiriker. Glücklicherweise an den Dingen vorbei, die das Leben liebenswert machen, sagt der Idylliker, der im Satiriker steckt. Im übrigen war der Wandsbeker Bote ein Satiriker – in Reimen und Rollen.

Umgekehrt ist uns das schon vertrauter. Wir lieben Kurt Tucholsky immer noch, weil er wirklich sentimental ist; weil er uns in Gedichten und kleinen Prosastücken trauliche Bilder des Lebens zeigt, daß wir vor Freude wimmern möchten. Und Morgenstern, und Ringelnatz, und Kästner . . .

Das sind die Klassiker der Satire in Deutschland. Sie tun nicht mehr weh. Buch für Buch sammelt sich seit Jahren das vergängliche Werk des Satirikers Hans Scheibner zusammen. Tag für Tag schreibt er seit zwei Jahren seine bissigen Kolumnen in der »Hamburger Morgenpost«, eine Wut beweisend, die nicht vergeht.

Es sind wenige Satiriker übriggeblieben, die oft und über große Medien einem diffusen, heillosen, unbekannten Publikum auf den Pelz rücken. Scheibner ist der einzige unter ihnen, der täglich von einer halben Million Menschen gelesen wird. Weil das so ist, wissen wir, daß er mit seinen Kolumnen viele bis aufs Blut reizt. Davon irgendwie Aufhebens zu machen muß der Nachdenkliche als komisch empfinden. Der Satiriker übrigens auch, denn »es macht traurig, unbequem zu sein« (Ringelnatz). Also kein Grund zum Stolz, wenn man Menschen ärgert? Kein Grund. Man muß es nur trotzdem weiter tun, wenn die Verhältnisse danach sind.

Der 52 Jahre alte Familienvater im Hamburger Stadtteil Poppenbüttel, ein Reihenhaus, ein kleiner Garten, sieht nicht aus wie einer der großen Unversöhnlichen der Zeitgeschichte. Aber unversöhnlich sind seine verletzenden, mitunter brutalen Angriffe auf die Kirche, auf die Männer der Kirche. Unversöhnlich ist seine Ablehnung des Militärs, boshaft, schmerzhaft beleidigend sind seine Ausfälle gegen Befehlsgeber.

Der Garten hinter dem Haus ist nur ein kleiner Winkel, und dieser Winkel teilt sich noch einmal in mehrere Winkel auf. In einem davon steht der winzige Sandkasten, und Johannisbeeren fallen in das Eimerchen des Kindes. Die Idylle ist Wirklichkeit. Soeben ist ein zweites Kind dazugekommen. Der Vater überlegt sich, daß es bald zu eng sein wird da draußen in Poppenbüttel. Für zwei Kinderzimmer, für das Arbeitszimmer des Kolumnisten, für das Arbeitszimmer seiner Frau: Petra Verena Milchert ist Schauspielerin und gleichzeitig seine Managerin.

Kleinkunst gehört auf die Bühne, aufs Brett'l. In Berlin vertritt Scheibner die »Stachelschweine«, wenn die Sommerferien machen. In Berlin ist er beliebt, besonders beliebt. Wo noch? Kurzes Nachdenken: in Darmstadt. In München nicht, da hatte er einmal schwer damit zu tun, hochnäsige Kritiken zu verkraften. Um München herum sieht es dagegen schon wieder anders aus.

Hochnäsige Kritiken kennt Scheibner seit langem. Sie befassen sich freilich nicht mit seinem intellektuellen Niveau, was das Hochnäsige in solchen Kritiken anzudeuten scheint, sondern sie gelten seinem moralischen Niveau, und da ist die richtige Kämpfermoral gemeint. Sie fehle Scheibner, heißt es hier und da. Und auch das wissen nur Kenner korrekt einzuordnen. Berühmt ist jener Scheibner, der sich in einer Talk-Show so heftig mit Verteidigungsminister Wörner anlegte, daß ihm daraufhin der Kolumnisten-Vertrag mit dem »Hamburger Abendblatt« gekündigt wurde. Beliebt sind seine Auftritte für wahlkämpfende Sozialdemokraten.

Nein, was der Satiriker vermissen läßt, ist die richtige Herdenmoral. Scheibner ist eine Krähe, die der anderen durchaus mal ein Auge aushackt, wenn ihm diese Ärgernis bereitet. Einem sich kommunistisch gerierenden Liedermacher hielt er mal die bekömmliche Differenz zwischen links agitieren und rechts leben vor: Wasser predigen und Wein trinken, wie es schon Heine ergrimmte. In Scheibners aktuellem Fall war das: Arbeiterlieder nostalgisch-engagiert zu Gehör bringen und dann heim in die komfortabel ausgebaute Mühle – wir, die wir es zu etwas gebracht haben. Es gab die Gemeinsamkeit im linken Bekenntnis nicht, die Scheibner hätte hindern können, dergleichen aufzuspießen.

Dafür gab es einen Krach, der bis heute nachhallt. Scheibners blaue Augen hinter der kreisrunden Brille werden eine Spur dunkler, wenn er davon spricht. Er hat wirklich mit den Linken nicht so viel zu tun, wie diese wegen seiner heftigen Kritik an konservativen Unarten oft meinen. Ist er überhaupt ein Linker? Zumindest hat er nicht auf Marx geschworen. »Ich habe als Heranwachsender viel Kierkegaard gelesen. Bin hauptsächlich von ihm beeinflußt worden. Bei Kierkegaard heißt es, daß es auf den einzelnen ankommt. Daran habe ich mich immer gehalten.«

Scheibner ist seinen Weg als einzelner gegangen. 1936 im Hamburger Stadtteil Eimsbüttel geboren, wuchs er als Sohn eines Maschinenbauers auf. Die Mutter arbeitete bei der Gewerkschaft als Sekretärin, bis die Nazis dem ein Ende bereiteten. Viel Geld gab es zu Hause nicht. Der Besuch der Schule führte bis zur mittleren Reife, dann hieß es Geld verdienen. Scheibner trat eine Lehre als Verlagskaufmann an.

Daß er etwas anderes wollte, wußte er da schon. Er wußte es spätestens seit jenem Tag, als ihm sein Vater vorschlug, zur Bereicherung eines Klassenfestes über jeden Mitschüler einen Vierzeiler zu schreiben. Auf diesen Vorschlag ließ er sich ein, aber ohne die Hilfe des Vaters wäre es ein Fiasko geworden. Der Vater war ein musischer Mensch, las viel, und daß sein Sohn Kierkegaard verschlang, paßte zur Atmosphäre dieses Eimsbütteler Arbeiterhauses. Auch, daß man darüber nicht viel Worte verlor oder sich heimlich für Besseres hielt.

Für Besseres nicht – wohl aber gerieten so die Anforderungen besonders streng, die der junge Hans Scheibner an sich selbst stellte. Nach der kaufmännischen Lehrzeit wurde er Journalist, volontierte, schrieb Gerichtsreportagen, Meldungen, Berichte. Es hätte ein Weg sein können.

Scheibner wählte ihn nicht. Die halbe Nähe ist gefährlicher als die ehrliche Ferne. Gedichte und Szenen schrieb dieser junge Mann lieber als Angestellter einer Lackfabrik in der Freizeit. Auch lehrte ihn die praktische Arbeit, lehrte ihn der Umgang mit praktischen Leuten eine praktische Sprache – die virtuose Spielfreude seiner Sprache ging ihm dadurch nicht verloren.

Praktisch: das heißt Autor sein können für einen genialen Werbespruch. »Ich bin zwei Öltanks« – Autor: Hans Scheibner. Oder einen zündenden Schlagertext. »Schmidtchen Schleicher« – Autor: Hans Scheibner. Ob man stolz auf sol-

che Erfolge sein kann? Praktisch: das heißt auch, daß man solche Fragen nach dem Motiv beurteilt, aus dem sie gestellt werden, und sie dann einfach ablegt. Scheibner ist ein Mann, der gearbeitet hat, und zwar genau so, wie es immer in den Filmen über die kleinen Leute gezeigt wird, die arbeiten müssen. Scheibner mußte arbeiten. Unter anderem hört man dabei auch auf, Idyllen zu verachten.
Scheibner hat seit 1972 wahrhaftig 15 Bücher veröffentlicht, elf Langspielplatten herausgebracht. Sein Lied »Was in Achterndiek in der Nacht geschieht« gehört zur Folklore der Anti-AKW-Bewegung. »Das macht doch nichts, das merkt doch keiner« ist zum Ohrwurm unter den satirischen Texten unserer Zeit geworden. Das ist Erfolg.
Der Erfolg ist nicht zufällig gekommen. Ausgangspunkt dieses Erfolges ist nicht der Wille, etwas zu sein, etwas zu bewirken. Ausgangspunkt ist eine ungewöhnliche schriftstellerische Kraft, eine Begabung für das sprachliche Kunstwerk. Wenn Werner Finck Scheibner mit »Morgennatz und Ringelstern« vergleicht, so verbirgt dieser Klassiker des Kabaretts hinter dem Sprachwitz eine Hochachtung, bei der sich der nicht gern ertappen läßt, der es mit ihr ernst meint: Christian Morgenstern und Joachim Ringelnatz sind mit etlichen Gedichten Autoren der schönsten Lyrik deutscher Sprache.
Mit dieser Begabung im Rucksack ist Scheibner den Weg zur Satire gegangen – wie vor ihm der Hannoveraner Fritz Grasshoff. In Kneipen und Kellern trat er auf. Als der Hamburger Großneumarkt noch ein Geheimtip war. Damals wohnte er in einem wüsten Zimmer im Gängeviertel und genoß das, was man ein wildes Leben nennt. Das Fernsehen (»scheibnerweise«) brachte zum Erfolg die Popularität; die Ansprüche seiner Bewunderer wurden dringlicher als die Ansprüche seiner Arbeitgeber – Zeit, daß Scheibner sein eigener Arbeitgeber wurde.

Tag für Tag eine Kolumne in der »Morgenpost«. Einst dichtete Scheibner »Ich mag so gern am Fließband steh'n«. Steht er heut woanders? So beeindruckend seine Leistung in der Kontinuität ist, so führt das zu einem falschen Eindruck. Scheibners Kolumnen haben nichts von der Gleichförmigkeit Stück auf Stück hereinkommender Fließband-Produkte. In ihrem Themen- und Formenreichtum, in der Vielfalt ihrer Rollenprosa, in der Prägnanz ihrer Bilder sind sie untereinander sich selbst am ehesten noch durch ihre Unverwechselbarkeit ähnlich. Gesammelt präsentieren sie sich – wo denn ihr einheitlicher Charakter angesprochen sein soll – als das Tagebuch eines Moralisten.
Es ist nicht weit von Wandsbek nach Poppenbüttel. Ob Matthias Claudius heute Satiriker geworden wäre? Ach, wir wissen es doch: Der Bote war es damals und wäre es heute wieder. Hamburg erlaubt seinen wenigen Dichtern nicht, nur zu dichten, immer nur den Mond anzudichten. Es gibt zu viel zu tun.

Knaur®

Werner Schneyder

(3011)

© Isolde Ohlbaum

(2190)

(2108)

(2028)

(2135)

Knaur

Die Bibliothek der Deutschen Werte

Hrsg. von Rolf Cyriax

(2766)

(2736)

(2728)

(2726)

(2765)

Weitere Bände:

Richling, Der Deutsche Selbstverstand (2724)

Paul, Das Deutsche Lied (2727)

Fischer, Der Deutsche Bauer (2733)

Katz, Der Deutsche Mann (2738)

Ebert, Der Deutsche Verkehr (2740)

Hoche, Die Deutsche Treue (2758)

Schreiner, der Deutsche Verein (2759)

Buchholz, Die Deutsche Verfassung (2764)

Rexhausen, Die Deutsche Weihnacht (2774)

Müller, Die Deutsche Gründlichkeit (2775)